HEIKO BÖHMER

DIE GELD ERLEUCHTUNG

Bibliografische Information der Deutschen Bibliothek
Die Deutsche Bibliothek verzeichnet diese Publikation
in der Deutschen Nationalbibliografie;
detaillierte bibliografische Daten sind im Internet
über http://dnb.ddb.de abrufbar

Impressum

Theodor-Heuss-Str. 2–4, 53177 Bonn
Telefon: 0228/9 55 01 80
Telefax: 0228/3 69 64 80
info@gevestor.de
www.gevestor.de

Bereichsvorstand: Hans Joachim Oberhettinger
Produktmanagerin: Sissi Schneider-Feuser

Umschlagmotiv: © eugenesergeev / Adobe Stock
Druck: druckhaus köthen GmbH & Co. KG

GeVestor ist ein Unternehmensbereich
der Verlag für die Deutsche Wirtschaft AG
Vorstand: Richard Rentrop
USt.-ID: DE 812639372
Amtsgericht Bonn, HRB 8165

ISBN: 978-3-8125-2642-5

„Jeder sollte sein Vermögen schützen. Ich zeige Ihnen einfache Wege, die sich auch noch auszahlen."

Heiko Böhmer,
GeVestor-Vermögens-Schutz-Experte

GeVestor
Scharfsicht zahlt sich aus.

INHALT

Vorwort:
10 Minuten, die über Ihre finanzielle Zukunft entscheiden

Liebe Leser,

würden Sie 10 Minuten investieren, um für immer finanzielle Sicherheit zu genießen?

Ich verspreche ihnen:

Mit diesem Buch und einem Aufwand von 10 Minuten pro Woche bauen Sie ein Vermögen auf, das unangreifbar ist und Ihnen für immer Sicherheit schenkt.

Wenn Sie noch überlegen, ob es sich lohnt, diese 10 Minuten zu investieren, schauen Sie sich bitte an, welche Gefahren heute Ihr Geld und damit Ihre persönliche Zukunft bedrohen. Sie haben heute noch die Chance, diese Gefahren abzuwenden:

1. Gefahr: Nullzinsen lassen Ihr Geld schmelzen

Nun befinden wir uns schon seit Jahren in einer Phase von Nullzinsen. Damit fallen klassische Sparanlagen in Deutschland wie Tagesgeld oder Festgeld fast komplett weg, weil die Jahresrenditen hier in den allermeisten Fällen unter einem Prozent liegen.

Viele Sparer denken: „Besser 1% als gar keine Rendite." Doch eine Sache vergessen viele Investoren in Deutschland dabei immer wieder: Auf diesem Zinsniveau ist der Realzins negativ. Und der Realzins ist entscheidend, denn bei ihm wird die Inflationsrate berücksichtigt und von den aktuellen Zinsen abgezogen.

Nehmen wir einmal an, Sie erhalten mit einer Festgeldanlage 1% Zins pro Jahr auf Ihr Vermögen. Bei der aktuellen Inflationsrate von rund 1,2% pro Jahr rutscht der Wert hier schon ins Negative – Sie verlieren Geld.

Und das an jedem Tag, in jedem Monat und in jedem Jahr – solange die Zinsen nicht steigen. Und danach sieht es gerade bei uns in der Euro-Zone auf absehbare Zeit nicht aus.

2. Gefahr: Politische Unsicherheit bedroht Ihr Vermögen

Die vergangenen beiden Jahre haben ganz klar eine Verschärfung der politischen Lage mit sich gebracht. Phasen der Sicherheit oder der Ruhe gibt es nicht mehr! Gefahren lauern beinahe überall, wohin Sie auch schauen:

Sei es der Rechtsruck in vielen europäischen Ländern oder auch die unkonventionelle Amtsführung des aktuellen US-Präsidenten Donald Trump.

Bislang haben jedoch die vielen politischen Krisenherde kaum Einfluss auf die Börse genommen. Ja, die Sorglosigkeit an den Börsen hat sogar immer weiter zugenommen. Der Glaube an das ewige Wachstum der Finanzmärkte ist derzeit nahezu unerschütterlich.

Das zeigt der Blick auf die Volatilität an den Märkten. Das ist die Schwankungsbreite bei Aktien oder Indizes. Die ist erst Ende 2017 auf Rekordtiefstände gefallen. Das signalisiert eine extrem hohe Sorglosigkeit an den Märkten.

Niedrige Schwankungen an den Märkten waren aber auch im Jahr 2007 festzustellen. Was dann kam, war die globale Finanzkrise 2008/2009. Wer damals sein Vermögen nicht richtig abgesichert hatte, musste massive Einbußen hinnehmen.

Große Indizes wie der DAX verloren auf Jahressicht knapp 40% an Wert. Das gleiche galt für die großen US-Indizes. Hier haben Anleger Milliarden verloren. Eine solche Gefahr besteht auch heute wieder für alle, die sorglos ohne Krisenschutz investieren.

3. Gefahr: Die Rentenlücke macht das Alter zum Alptraum

Die Sorglosigkeit an den Börsen lässt sich auch in einem anderen Bereich feststellen: So kümmern sich Millionen Deutsche nicht ausreichend um ihre Altersvorsorge. Hier herrscht immer noch das Grundvertrauen in das deutsche Rentensystem vor.

„Ich habe Jahrzehnte in die Rentenkasse eingezahlt und werde dann auch genug fürs Alter bekommen", so denken noch immer sehr viele Bundesbürger.

Doch leider ist dem nicht so. Zum einen müssen wir alle immer länger in die Rentenkasse einzahlen und das Rentenalter wird immer weiter ansteigen. Zum anderen wird der Ertrag aus der staatlichen Rente immer weiter sinken. Wo das Rentenniveau in 20 Jahren liegen wird, kann heute keiner vorhersehen. Sicher ist nur: Von der Rente allein wird bald keiner mehr leben können! Deshalb empfehle ich Ihnen dringend:

Sorgen Sie ab heute auf jeden Fall aktiv vor! Wer die Sache weiter aufschiebt, gehört Sie zu den Verlierern im Alter, die auf Almosen angewiesen sind. Die gute Nachricht ist: Um ein gutes Polster für das Alter aufzubauen, brauchen Sie gar nicht so viel Zeit. Wichtig ist nur Ihre Bereitschaft, heute auch wirklich selbst aktiv zu werden und die immer größer werdende Rentenlücke aktiv durch kluge und sichere Anlagen zu füllen.

Wie das geht? Auch das setzen Sie mit Ihrem Einsatz von 10 Minuten pro Woche leicht um.

Genaue Empfehlungen für Sie und Ihr Vermögen erhalten Sie schon gleich in diesem Buch, das Sie als Basis für den persönlichen Vermögensschutz und Ihre sichere Zukunft ansehen sollten.

Beenden Sie die Abhängigkeit von den Banken

Wenn Sie die nächsten Seiten lesen, machen auch Sie wahrscheinlich eine wichtige Entdeckung: Sie haben mehr finanzielle Freiheiten und mehr sichere Anlage-Möglichkeiten, als die meisten Menschen denken. Die Masse der Bürger rennt immer noch zu den Banken, um sich dort beraten zu lassen. Aber dort bekommen die deutschen Sparer fast immer die gleiche Antwort:

„Kaufen Sie doch Investmentfonds!“

Bei der Sparkasse erhalten Sie dann Empfehlungen von der DEKA ... Bei anderen Banken bekommen Sie den Tipp, in den Fonds zu investieren, der dieser Bank nahesteht ... Das ist eine gute Entscheidung – aber nur für die Bankmitarbeiter, die auf diese Art und Weise stetig ihre Provisionen einstreichen können.

Für Sie und Ihr Geld gibt es bessere Lösungen und Ideen, wenn Sie Ihre Finanzen jetzt selbst in die Hand nehmen.

Und das ist möglich mit einem Zeitaufwand von nur 10 Minuten pro Woche – versprochen!

Wenn Sie Ihre Finanzen selbst in die Hand nehmen, haben Sie zwei Vorteile:

1. Sie wissen immer, was mit Ihrem Geld geschieht

2. Sie bauen sicher und kontinuierlich ein eigenes Vermögen auf, das Ihnen Unabhängigkeit schenkt und für immer ein sorgloses Leben ermöglicht.

Vielleicht fragen Sie sich, woher ich diese Sicherheit nehme. Um Ihnen zu zeigen, woher ich dieses unerschütterliche Wissen über sichere Geldanlage habe, begleiten Sie mich bitte kurz zurück ins Jahr 2004 ...

... zu meinem erstes Treffen mit Warren Buffett

Warren Buffett und Heiko Böhmer auf der Berkshire Hathaway Hauptversammlung 2004 in Omaha.

Wir schreiben das Jahr 2004, und ich hatte damals die Möglichkeit, als junger Redakteur erstmals zur Hauptversammlung von Warren Buffetts Beteiligungsgesellschaft Berkshire Hathaway nach Omaha im US-Bundesstaat Nebraska zu fahren.

In den USA war Buffett schon damals ein Star der Investmentszene – in Deutschland war er zu der Zeit noch eher unbekannt. Dieses Treffen hat mir die Augen geöffnet. Ich erkannte: Zum langfristigen Vermögensaufbau mit Aktien gibt es KEINE Alternative!

In Omaha hatte ich die Möglichkeit, mit vielen langjährigen Aktionären von Warren Buffett zu sprechen. Das waren in vielen Fällen entspannte ältere Menschen, die frühzeitig auf die richtige Aktie gesetzt hatten – auf Berkshire Hathaway.

Und tatsächlich gehört diese Aktie zu den erfolgreichsten Aktien der Welt. Dabei geht es nicht um die rasante Verdopplung des Aktienkurses innerhalb von 12 Monaten. Das ist sicherlich hin und wieder mit einzelnen Aktien möglich.

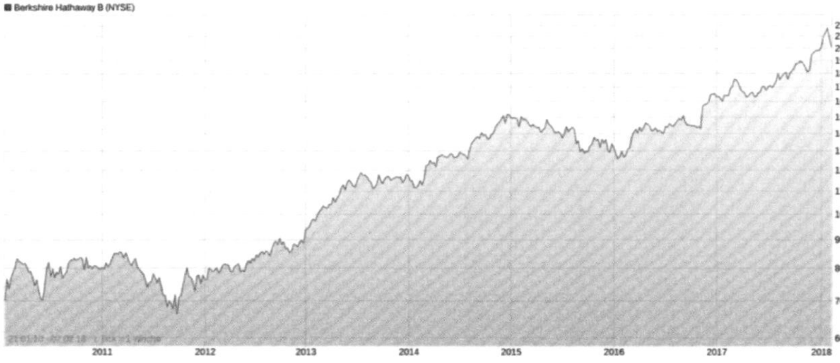

Berkshire Hathaway Langfrist-Chart; Quelle: ariva.de

Doch viel wichtiger ist: Mit Aktien ist ein langfristiger und nachhaltiger Vermögensaufbau möglich.

Die Zeiten des massiven Wachstums bei Berkshire Hathaway sind zwar vorbei. Dafür ist die Basis jetzt mittlerweile einfach zu groß und die Kurse sind zu stark angestiegen. Aber ich schaue auch jetzt auf attraktive Aktien die vor allen Dingen eines tun: Ihr Vermögen schützen.

Und genau da ist Berkshire Hathaway noch immer meine erste Wahl. Diese Aktie gehört meiner Meinung nach immer noch zu den besten Aktien der Welt und deshalb finden Sie diese Aktie auch in meinem aktuellen Muster-Depot, das ich für die Leser „Vermögens-Schutz-Briefs" führe und das jeder leicht nachbilden kann. Wie stark Aktien wirklich sind, zeigt der Blick auf die Entwicklung in Krisenzeiten.

2008/2009 haben eine globale Finanzkrise mit Crash an den Börsen erlebt – doch auch in dieser Zeit hielt sich Berkshire Hathaway deutlich besser als viele große Indizes. Das ist für mich ein ganz wichtiger Faktor bei der Beurteilung von Aktien.

Das zeigt: Mit Top-Aktien wie Berkshire Hathaway bringen Sie Ihr Geld sicher selbst durch die größten Krisen! Dabei schützen Aktien Ihr Vermögen nicht nur – sie sorgen auch für langfristigen massiven Vermögensaufbau. So liegt die langfristige jährliche Aktienrendite zwischen 6 und 8%. Das hört sich nicht nach viel an, doch mit dem Zinseszins-Effekt ist das der Turbo für Ihr Vermögen.

Nehmen wir an, die besten Aktien der Welt bringen Ihnen eine Jahresrendite von 11% – das sind die Aktien, die

Sie im Musterdepot meines „Vermögens-Schutz-Briefs“ finden.

Das bedeutet, Sie können auf diese Weise Ihr Vermögen innerhalb von nur 6,6 Jahren verdoppeln. In rund 13 Jahren vervierfacht es sich dann. Weitere 6,6 Jahre später, nach insgesamt nicht mehr als 20 Jahren, haben Sie so Ihr Geld schon verachtfacht.

Selbst wenn sich die Kurse zwischenzeitlich mal einen Rücksetzer erlauben können Sie entspannt bleiben. Denn die Aktienrendite beruht nicht nur auf steigenden Kursen. Bei vielen Aktien genießen Sie durch die Dividendenzahlungen eine weitere Einnahmequelle.

Dabei sind Aktien nur ein Baustein für den persönlichen Vermögensschutz. Ich liefere Ihnen gleich noch viel mehr interessante Ideen: In diesem Buch entdecken Sie, wie leicht Sie auch ETFs, Immobilien und Edelmetalle für Ihre finanzielle Sicherheit arbeiten lassen.

Ich wünsche Ihnen viel Spaß bei der Lektüre! Sie können sicher sein:

Danach besitzen Sie Ihr persönliches Vermögens-Schutz-Paket, das Sie sicher durch die nächste Krise bringt.

Ihr
Vermögens-Guide

Heiko Böhmer
Chefredakteur „Heiko Böhmers Vermögens-Schutz-Brief“

PS: Welche Aktien besonders aussichtsreich sind und dabei auch noch Ihr Vermögen schützen, erkläre ich Ihnen regelmäßig in „Heiko Böhmers Vermögens-Schutz-Brief".

Heiko Böhmers
Vermögens-Schutz-Brief
Damit Ihr Geld jede Krise sicher übersteht

AUSGABE 3
MÄRZ 2018

WARNMELDUNG
MITTELSTANDSANLEIHEN: HOHE ZINSEN – ABER VIEL ZU HOHES AUSFALLRISIKO

PRAXIS-TIPP IMMOBILIEN
WAS PASSIERT MIT DER GRUNDSTEUER?

MARKTCHECK
USA: STAATSFINANZEN LAUFEN AUS DEM RUDER

Chart des Monats: Euro–Dollar

Die vergangenen Wochen waren beim Euro-Dollar-Wechselkurs extrem spannend. So erreichte der Euro im Verhältnis zur weltweiten Leitwährung Anfang Februar mit über 1,25 $ den höchsten Stand seit Ende 2014. Auf Sicht von 12 Monaten hat die europäische Gemeinschaftswährung rund 16 % hinzugewonnen!

Das sind massive Verschiebungen, die auch an den Finanzmärkten nicht ohne Folgen bleiben. Wichtig: Wir erleben derzeit keine massiv ausgeprägte Euro-Stärke, vielmehr eine ausgeprägte Dollar-Schwäche. Für die stark exportorientierte deutsche Wirtschaft hat das deutliche Folgen: Wenn der Umsatzanteil in Dollar-notierten Ländern hoch ist, reduziert sich der Wert der Exporte. Die Frage ist dann, ob durch das niedrigere Preisniveau neue Auslandsumsätze entstehen.

Insofern ist der Blick auf die Entwicklung der großen Währungspaare wichtig. Nach dem massiven Anstieg des Euros in jüngster Zeit ist jetzt allerdings auch eine Konsolidierung innerhalb der kommenden Monate gut möglich.

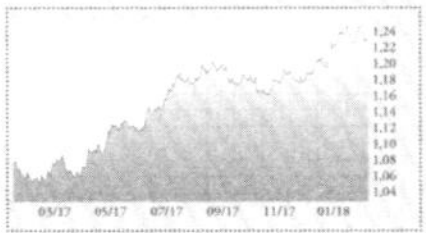

Euro-Dollar-Chart 1 Jahr

Bleiben Sie gelassen – auch bei Korrekturen

Lieber Leser,
seit der letzten Ausgabe ist wirklich viel passiert: Kaum hatten Sie die Februar-Ausgabe erhalten, sackten die Kurse an den Börsen massiv ab. Der Dow Jones erlebte einen schwarzen Montag. Dort fielen die Kurse an nur einem Tag um rund 1.400 Punkte – das entsprach einem Tagesverlust von mehr als 4,5%. Dies war der größte Tagesverlust seit Jahren.

Aber an den Börsen breitete sich keine Panik aus. Warum auch? Die Grundbedingungen haben sich über Nacht ja nicht verändert. Vielmehr wurde diese Korrektur auch durch automatische Handelssysteme ausgelöst. Was dahinter steckt, will ich Ihnen in dieser Ausgabe erklären und Sie dabei hinter die Kulissen der Finanzmärkte mitnehmen.

Mir geht es bei der Betrachtung dieser Korrektur auch noch um einen anderen Aspekt: um Ihr Verhalten bei solchen Korrekturen. Da lohnt es sich wirklich zu schauen, wie die Profis mit so etwas umgehen. Echte Profis, die schon zahlreiche Korrekturen und auch Crashphasen an den Börsen überstanden haben.

Lernen Sie von Warren Buffett – es lohnt sich

Wie Sie wissen, schaue ich in solchen Phasen immer gern, was Warren Buffett macht. Er ist mit seinen 87 Jahren eine Investoren-Legende und hat viele schwierige Phasen an den Börsen erlebt. Ich erinnere mich noch gut an die Zeiten des New-Economy-Booms. Damals wurde Buffett schon von vielen „Experten" aufs Abstellgleis gestellt – denn Buffett war nicht am Boom der New Economy beteiligt. Er konzentrierte sich auch damals schon auf die wirklich ausgewählten guten Aktien an den Börsen – und der Erfolg gab ihm

GeVestor
Scharfsicht zahlt sich aus.

Heiko Böhmers Vermögens-Schutz-Brief

Kapitel 1:
Die 5 größten Vermögens-Fallen

Bevor ich Ihnen hier das Thema Vermögensschutz näherbringe und wie Sie das für sich am besten umsetzen, muss ich Sie warnen:
Vor den 5 größten Vermögens-Fallen

Eines ist für mich nach fast 20 Jahren an den Finanzmärkten klar:

Vieles von dem, was Ihnen heute als angeblich „sichere Geldanlage" verkauft wird, ist weder sicher noch empfehlenswert. Für Sie als Anleger drohen zahlreiche Vermögens-Fallen. Ich habe nachfolgend 5 davon aufgelistet.

Vermögens-Falle Nr.1: Bitcoin

2017 tauchten viele Kryptowährungen auf, und die größte Aufmerksamkeit erhielt dabei der Bitcoin. Beim Bitcoin handelt es sich um eine sogenannte digitale Währung, die elektronisch erzeugt wird. Daher der Begriff „minen" = elektronisches Schöpfen der Währung. Der Bitcoin wird zudem digital auf Rechner gespeichert. Anders als bei gewöhnlichen Währungen gibt es keine Zentralbank, die den Bitcoin kontrolliert.

Sie können mit dem Bitcoin bei allen angeschlossenen Dienstleistern und Händlern sowie Privaten Waren kaufen und auch Finanztransaktionen vornehmen. Solange der

Tausch mit Bitcoin akzeptiert wird, gibt es keine Einschränkung für Sie.

Damit die Währung stabil bleibt, ist von vornherein festgelegt worden, dass es maximal 21 Millionen Bitcoins geben wird. Diese werden dezentral, das heißt von den Nutzern selbst, geschaffen oder geschürft. Bitcoins können zudem in sehr kleinen Einheiten erzeugt und gehandelt werden.

Wie werden Bitcoin erzeugt?

Bitcoins werden in einem Netzwerk ohne zentrale Kontrolle erzeugt. Dies erhöht die Transparenz. Jeder kann prinzipiell nachverfolgen, dass und wann Bitcoins erzeugt werden. Dahinter steckt ein Algorithmus, eine Formel, die jedem Nutzer zur Verfügung steht. Die Technologie nennt sich „Blockchain". Die notwendigen Entscheidungen werden innerhalb des Netzwerks gemeinsam getroffen.

Dabei erzeugen Computer „vor Ort" Bitcoins, indem sie neue Bitcoins mittels der Formel errechnen. Die Computer sind ein Bestandteil im Netzwerk. Über die Tätigkeiten, das Erzeugen und das Handeln von und mit Bitcoins wird ein technisches Protokoll erstellt, das gespeichert wird. Bitcoins können daher nicht einfach „verschwinden".

Was ist erforderlich, um selbst mit Bitcoins zu handeln?

Sie müssen lediglich ein Bitcoin-Konto einrichten. Dies nennt sich „Wallet". Sie können auch mehrere solcher Wallets anlegen, die Geschäfte verlaufen anonym.

Das Wallet hat zwei Schlüssel. Der öffentliche Schlüssel ist die Adresse des Wallets. Der private Schlüssel wiederum ist der technische Hebel, mit dem Sie selbst als Nutzer Bitcoins versenden können. Die einzelnen Transaktionen, also die Transfers zu anderen Teilnehmern, werden in der oben genannten „Blockchain“ abgespeichert. Die Kosten, die dabei insgesamt entstehen, sind gering.

So können Sie ein Wallet erstellen:

1. Auf BitAdress.org können Sie eine Bitcoin-Adresse selbst erstellen.

2. Das Programm fragt nach zufälligen Eingaben, die Sie tätigen müssen.

3. Dann sehen Sie den sogenannten öffentlichen und den privaten Schlüssel des „Paper-Wallets“. Dieses Dokument enthält Ihre beiden Schlüssen sowie QR-Codes, die Sie dann bei Transaktionen einscannen.

4. Klicken Sie auf den „Paper-Wallet-Reiter“ und wählen Sie aus, wieviel Adressen Sie erzeugen lassen wollen.

5. Klicken Sie dann auf die Schaltfläche „Generate“.

6. Die Wallets können Sie dann als Kopie über „print“ selbst ausdrucken.

Soweit die Praxis – damit Sie wirklich verstehen, wie Bitcoins funktionieren. Ich rate jedoch davon ab, in den Bitcoin zu investieren. Anders als in vielen Medien dargestellt, handelt es sich nicht um einen Geldersatz.

Der Bitcoin wird
- langfristig im Handel nicht anerkannt;
- keine stabilen Werte repräsentieren.

Beide Funktionen sind für eine Geldwährung aber unabdingbar. Würde der Bitcoin stets weiter steigen, würden die Preise für Produkte, die in Bitcoin bezahlt werden, massiv sinken. Wir hätten eine klassische Deflation, in der niemand mehr investieren würde. Wenn ein Unternehmer vor der Aufgabe steht, eine Maschine anzuschaffen, die täglich „billiger" wird, würde er vermutlich sehr lange warten, bis er investiert. Die Wirtschaft würde bei einem stets steigenden Bitcoin zum Erliegen kommen. GLÜCKLICHERWEISE akzeptiert der Handel diese „Währung" nicht.

Mein Standpunkt: Deshalb ist der Bitcoin kein Geld, sondern reine Spekulation ohne wirtschaftlichen, inneren Wert. Viele werden mit dem Bitcoin Geld verdienen oder verdient haben – Geld, das andere, die Verlierer dieses Spiels, zahlen werden. Ich rate Ihnen dringend davon ab, in den Bitcoin zu investieren.

Vermögens-Falle Nr. 2: Anleihen

Wenn diese Blase platzt, dann müssen wir uns alle in Sicherheit bringen. Aber Sie haben als Investor eine viel einfachere Möglichkeit, vor dem kommenden Anleihen-Crash in Schutz zu gehen: Kaufen Sie einfach keine Anleihen. Denn ich kann an dieser Stelle nur noch einmal betonen: Wenn Sie jetzt Anleihen besitzen, könnten Sie auf einer großen Bio.-Bombe sitzen. Denn so groß ist der Anleihemarkt weltweit, und so groß sind die Gefahren, die von diesem Marktsegment ausgehen.

Die veröffentlichte Meinung weist in auffallender Regelmäßigkeit darauf hin, dass Anleihen in den kommenden Jahren ein interessantes Investment sein könnten. Und tatsächlich waren beispielsweise Bundesanleihen innerhalb der vergangenen 40 Jahre oft ein gutes Investment. Sie boten sichere Renditen auch in stürmischen Zeiten.

Anleiherenditen nahe der Nulllinie

Doch das ist mittlerweile vorbei. Die Anleihenrenditen haben sich im Niedrigzinsumfeld der Nulllinie genähert. Schauen Sie nur auf die Entwicklung der Umlaufrendite in Deutschland und Sie wissen, was ich meine. Der folgende 10-Jahres-Chart zeigt ganz klar, wie massiv die Rendite abgestürzt ist.

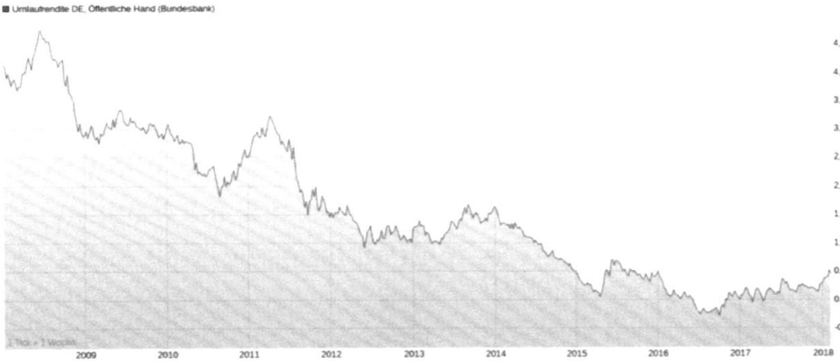

Umlaufrendite 10 Jahre; Quelle: ariva.de

Dabei gibt die Umlaufrendite eine durchschnittliche Rendite von deutschen Anleihen mit unterschiedlichen Laufzeiten wieder. Im vergangenen Jahr ist es hier sogar einmal bis in den negativen Bereich gegangen, und aktuell befinden wir uns nur wenig über der Nulllinie. Aus Sicht von 10 Jahren ist der Wert um rund 80% gefallen. Das ist schon eine bedrohliche Zahl.

Bilanzsummen der Notenbanken gefährden die Stabilität

Aber die Bedrohung geht noch weiter. Die extrem hohen Bilanzsummen der Notenbanken werden wiederum in den Printmedien kaum thematisiert. Doch genau davon geht eine große Gefahr aus. In den Bilanzsummen werden die Anleihen, die von den Notenbanken aufgekauft worden sind, festgehalten. Hier ergibt sich ein großes Problem: In nur wenigen Jahren sind die Bilanzen der großen Notenbanken tatsächlich explodiert.

So hat beispielsweise die US-Notenbank FED seit Anfang 2008 die Bilanzsumme von damals 901 Mrd. Dollar auf jetzt 4,5 Bio. Dollar gesteigert. Bei der europäischen Zentralbank ging es im gleichen Zeitraum von 2,2 auf jetzt 4,3 Bio. Dollar nach oben.

Deutliche Kursverluste und drastisch ansteigende Zinsen innerhalb kürzester Zeit sind dann die Folgen, sollten viele Notenbanken eines Tages gezwungen sein, auch nur einen Teil dieses massiven Anleihen-Portfolios auf den Markt zu werfen.

Meiden Sie auch inflationsgeschützte Anleihen

Bei einer inflationsgeschützten Anleihe erhalten Sie über den ausgezahlten Zins eine Kompensation der Inflationsrate. Inflationsgeschützte Anleihen werden Ihnen zunehmend von Banken zum Investment angeboten. Was sich oberflächlich betrachtet gut anhört, ist es leider nicht, wenn Sie näher hinsehen. Abgesehen davon, dass ich für die nächste Zeit von einer Deflationsphase ausgehe, in der Ihnen diese Art von Anleihen nicht viel nutzen wird, haben sie auch noch weitere gewichtige Nachteile.

Einmal ist die offizielle Inflationsrate regelmäßig niedriger als die reale Rate, d. h., Sie bekommen eben doch keinen vollen Inflationsausgleich. Zudem spricht niemand über die Abgeltungsteuer, die gleich wieder von dem vermeintlichen „Inflationsschutz" gut 25% direkt für den Staat vereinnahmt. Auch auf diese Weise verdient der Staat mit seinen eigenen Anleihen.

Eine weitere Schwierigkeit: Drei Viertel des „Inflationsschutzes" greift durch die Rückzahlung erst am Jahresende bzw. am Ende der Laufzeit. Während die Inflation das ganze Jahr über das Vermögen entwertet, gibt es einen Ausgleich dafür erst am Jahresende. Plötzlich explodierende Preise fangen die Titel nicht direkt ab. Ich rate deshalb von dieser Art Anleihen ab.

Mein Standpunkt: Weder als Inflationsschutz noch als sinnvolle Geldanlage sind diese speziellen Anleihen geeignet. Ich halte das Chancen-Risiko-Profil bei Anleihen für komplett verschoben. Rüsten Sie sich jetzt. Denn eines ist sicher: Diese künstlich aufgeblähten Bilanzen werden eines Tages massive Folgen für die Finanzmärkte haben. Folgen Sie meiner Empfehlung und verzichten Sie auf Anleihen.

Vermögens-Falle Nr. 3: Dachfonds

Eine ganz spezielle Form von Investmentfonds sind die Dachfonds. Es droht eine Gebührenfalle, wenn ein Anlageberater Ihnen Dachfonds verkaufen will. Das Konzept besteht darin, dass der Dachfonds das Geld der Kunden in verschiedene Einzelfonds investiert. Beliebtes Verkaufsargument ist, dass der Anleger damit an einer eingebauten Vermögensverwaltung teilhabe.

Verschwiegen wird jedoch gern, welchen Preis Sie als Anleger dafür zahlen. Es gibt nämlich mindestens zwei Gebührenebenen: eine bei den Einzelfonds und eine beim Dachfonds. Das macht es den Managern solcher Produkte meist sehr schwer, besser abzuschneiden als der Markt.

Einige Dachfonds kassieren sogar auf drei Ebenen, indem sie in andere Dachfonds investieren. Dachfonds-Anbieter weisen gern darauf hin, beim Fondskauf Großanleger-Konditionen zu bekommen. Die Nachlässe ergeben sich aber häufig daraus, dass in mäßig laufende hauseigene Produkte investiert wird. Das reduziert zwar die Gebühren, im Gegenzug fällt aber die Performance oft nur mager aus.

Relativ neu am Markt sind Dachfonds, die in verschiedenen Exchange Traded Funds (ETFs) anlegen. Da diese Fonds nur einen Index abbilden, sind sie meist deutlich günstiger als traditionelle Fonds. Dennoch werden auch hier 1,5% oder sogar mehr an Gebühren für die Fondsverwaltung gefordert, was das Ganze vergleichsweise teuer macht. Verlangen die Anbieter dann noch erfolgsabhängige Management-Gebühren, mindert auch das die Rendite. Stellen Sie sich daher Ihr Portfolio besser selbst zusammen um die Gebühren zu minimieren.

Mein Standpunkt: Dachfonds sind vor allem eines: teuer. Mit einigen ETFs streuen Sie das Risiko ebenfalls sehr gut, und das zu deutlich niedrigeren Kosten.

Vermögens-Falle Nr. 4: Zu hoher Edelmetallanteil

Ich empfehle auf jeden Fall eine Investition in Edelmetalle. Leider jedoch führt die heutige Panikmache der Medien dazu, dass manche Investoren den Anteil dafür viel zu hoch ansetzen und über 50 oder gar 90% des Vermögens in Gold und Silber halten. Vor einem zu großen Anteil an Edelmetallen warne ich jedoch dringend. Die größte Gefahr bei einem zu großen Edelmetall-Anteil ist die einseitige Abhängigkeit von den jeweiligen Metallpreisen.

Dazu kommt, dass es in einem deflationären Szenario durchaus möglich ist, dass die Edelmetallpreise auch wieder fallen können. Wer dann nicht genug Kapital hat, um diese Phase zu überstehen, muss sein Gold und Silber zu billigen Kursen verkaufen. Ein weiteres Risiko besteht in einem staatlichen Goldbesitzverbot. Schon von 1933 bis in die 1970er-Jahre hinein war z. B. in den USA Goldbesitz bei Strafen von bis zu 10 Jahren Gefängnis verboten.

In Krisenzeiten ist die Gefahr da, dass der Staat dann sehr schnell wieder auf diese „altbewährten Methoden" zurückgreift. Wer dann sein Gold nicht gegen eine billige Entschädigung abliefert, macht sich strafbar. Selbst wenn das Gold versteckt wird, ist es – wie die USA zeigen – unter Umständen für viele Jahrzehnte nicht mehr nutzbar, während langsam, aber sicher das Kapital zum Leben knapp wird.

Mein Standpunkt: Edelmetalle gehören in jedes Depot – allerdings sollte man es dabei nicht übertreiben. Eine flexible Strategie mit einer breiten Streuung ist in jedem Fall einer einseitigen Investition in Edelmetalle überlegen.

Vermögens-Falle Nr. 5: Kapitallebensversicherungen

Das Thema Kapitallebensversicherung ist heute sehr aktuell. Solche Kapitalanlagen sind sehr weit verbreitet. Die Medien schürten in den letzten Jahren große Ängste vor der Altersarmut und propagierten dazu eine private Vorsorge, da die gesetzliche Rentenversicherung in Zukunft ihren versprochenen Leistungen nicht mehr im gewohnten Umfang wird nachkommen können. Das Grundproblem bei einer Kapitallebensversicherung ist, dass Sie sich einmal auf viele Jahre binden, nur sehr schwer wieder an Ihr Geld herankommen und zudem nicht wissen, was die jeweilige Versicherung mit Ihrem Geld macht.

Aufgrund der nur noch geringen Garantiezinsen für Lebensversicherungen und der Abschaffung der Steuerfreiheit für solche, ist eine Investition angesichts der von uns erwarteten Krisenzeit doch sehr gründlich zu überlegen. Dazu kommt noch, dass die Stabilität von Versicherungen in einem Crash sehr fraglich ist. Nach dem Aktieneinbruch im Jahr 2001 veranlasste schon einmal die Finanzaufsicht Stresstests von den Versicherungen, die zum Großteil negativ ausfielen.

Wenn Sie im Vergleich zum Gesamtvermögen nur geringe Beträge dort investiert haben, können Sie überlegen, die Versicherungen wie gehabt weiterlaufen zu lassen – speziell wenn die Laufzeit bald ihrem Ende entgegengeht. Sind größere Summen dort gebunden, sollten Sie einen teilweisen Verkauf oder die Auflösung überlegen.

Mein Standpunkt: Lange Zeit waren Kapitallebensversicherungen die beliebteste Anlageform in Deutschland. Doch diese Zeiten sind vorbei – bei faktischen Nullzinsen und vielen Alternativen für Ihren persönlichen Vermögensschutz.

Kapitel 2:
Bausteine für Ihren Vermögensschutz: ETFs und börsengehandelte Indexfonds

ETFs haben schon eine lange Geschichte – aber der Erfolg kam spät

Viele große Entwicklungen beginnen mit einem Flop. Das gilt auch für die Entwicklung der Indexfonds oder, wie sie im Englischen genannt werden, Exchange Traded Funds (ETF). Schon in den 1970er-Jahren legte John C. Bogle den ersten Indexfonds auf.

Bogle gilt gemeinhin als Vater dieser Anlageklasse. Und da bin ich wieder beim Vorwort: Auf einer der letzten Hauptversammlungen von Berkshire Hathaway in Omaha war auch John C. Bogle zu Gast. Er wurde als einer der wenigen Gäste in der riesigen Arena persönlich von Warren Buffett begrüßt. Das hat auch einen besonderen Grund, denn im aktuellen Geschäftsbericht seines Unternehmens Berkshire Hathaway ging Buffett ganz explizit auf die Rolle von John C. Bogle für die Entwicklung des Finanzmarktes ein.

Zunächst waren ETFs ein Flop

Wie schon erwähnt, war die Markteinführung in den 1970er-Jahren ein großer Flop. Die Macher des 1. Indexfonds hatten mit einem Emissionsvolumen von 150 Mio. Dollar gerechnet. Der Schreck war groß, denn im Endeffekt kamen nur 11 Mio. Dollar zusammen.

Wie so oft bei Neuerungen galt auch hier: Die Branche – also die Investoren – musste sich erst an die neue Art des Investierens gewöhnen. Überspitzt gesagt, war das Index-Investieren zu dieser Zeit den meisten Anlegern einen Schritt voraus.

Mittlerweile kann sich der Erfolg weltweit sehen lassen: Schon im vergangenen Jahr kletterte das Anlagevolumen der unterschiedlichsten ETFs auf eine globale Summe von mehr als 3 Bio. Dollar. Hier sehen Sie eines schon ganz klar: ETFs oder Indexfonds sind eine wahre Erfolgsgeschichte. Sie machen die Geldanlage in verschiedensten Anlageklassen für viele Investoren überhaupt erst möglich.

Diese Entwicklung hat rund 40 Jahre gedauert – das mag sich nach einem langen Zeitraum anhören. Aber an der Börse ist dies nicht besonders lang, vor allen Dingen dann, wenn es darum geht, eine komplett neue Anlageklasse einzuführen.

Aktienfonds waren schon immer zu teuer – und auch nicht gut genug

Aber wieso kamen die Indexfonds überhaupt auf den Markt? Diese Frage ist relativ einfach zu beantworten. John C. Bogle hatte keine große Mühe herauszufinden, dass ein Großteil der aktiv gemanagten Aktienfonds kaum besser als die meisten Indizes abschloss. Zudem fraßen die hohen Gebühren dabei noch einen Teil der ohnehin schmalen Performance gleich wieder auf.

Seine Überlegungen hat John C. Bogle in seinem Buch *The Little Book of Common Sense Investing* folgendermaßen zusammengefasst: „Suchen Sie nicht nach der Nadel im Heuhaufen, kaufen Sie einfach den Heuhaufen“.

Hierbei steht also die Nadel für die Suche nach einzelnen Aktien mit einer überdurchschnittlichen Performance. Der Heuhaufen ist allerdings sinnbildlich für den Kauf des gesamten Sektors, Index oder auch der Anlageklasse zu verstehen. Wie die Vergangenheit gezeigt hat, wird Ihnen dieser Investmentansatz mit einer hohen Wahrscheinlichkeit eine bessere Rendite bringen als das durchschnittliche aktiv verwaltete Portfolio eines Investmentmanagers.

Lesetipp für Sie:
John C. Bogle:
„The Little Book of Common Sense Investing“, 2007

Derzeit ist das Buch nur im Original erhältlich – aber dennoch ein guter und leicht verständlicher Ratgeber für Sie als Investor.

Heute sind ETFs größer als Hedge-Fonds

Wie rasant der Aufstieg in den vergangenen 10 Jahren war, zeigt Ihnen die folgende Tatsache: In diesem Zeitraum ist das ETF-Volumen so massiv angestiegen, dass es in der Zwischenzeit höher ist, als das in den bereits aufgestellten Hedge-Fonds.

Die großen Vorteile von ETFs für Ihren Vermögensschutz

Ein Vorteil von ETFs ist sicherlich auch die einfache Handelbarkeit. Die Kurse werden stetig festgelegt und so ist es Investoren möglich, während der Börsenzeiten sehr flexibel zu agieren. Zudem sind ETFs noch sehr sicher, denn rechtlich gesehen gelten sie als Sondervermögen. Was bedeutet das konkret? Im Konkursfall fällt das Geld hier nicht der Konkursmasse zu – also dem Emittenten und damit den anstehenden Gläubigern –, sondern wird an den Anleger ausbezahlt.

3 Vorteile für ein ETF Investment:

1. Durch die Nachbildung eines Index wird es Ihnen als Anleger ermöglicht, einen einfachen Zugang zu einem breit gestreuten Portfolio zu erhalten und so die Renditen des Marktes zu erzielen.

2. Bei ETFs liegen die Kosten deutlich geringer als bei aktiv gemanagten Portfolios. Das verbessert auf jeden Fall ihre Chance auf positive Renditen.

3. Der liquide Handel ermöglicht Ihnen als Anleger, jederzeit auszusteigen. Dabei sind die Handelsspannen bei ETFs in der Regel niedrig, was Ihre Kosten weiterabsenkt.

Mein Standpunkt: Diese kurze Aufstellung macht klar: Mit ETFs haben Sie die Möglichkeit, breit gestreut, kostengünstig und flexibel in die verschiedensten Anlageklassen zu investieren. Gerade wenn Sie erst mit dem Investieren anfangen, ist das die Anlageklasse Ihrer Wahl.

Kapitel 3:
Bausteine für Ihren Vermögensschutz: Immobilien

Darum haben Immobilien-Investoren die Nase vorn

Immobilien erleben seit einigen Jahren einen Boom in Deutschland – und das zu Recht. Dennoch hält sich auch hartnäckig die Kritik an dieser speziellen Anlageform. Dabei sind sämtliche Argumente gegen Immobilien-Investitionen natürlich auch in Bezug auf privat genutzte Immobilien zu beachten. Der Staat kann durch seine Steuer-, Geld- und letztlich auch Eigentumspolitik jederzeit den Wert Ihrer privaten Immobilie beeinflussen. Doch unter dem Strich profitieren Sie.

Die Risiken einer privat genutzten Immobilie

Dennoch kann der Staat Ihr Eigentum einfacher angreifen als bei vielen anderen Anlageformen. Dies ist unbestritten.

- Gebühren und Steuern kennen kaum eine rechtliche Schranke.
- Vorschriften, etwa bezüglich zu nutzender Energieformen oder des Anschlusses an bestimmte Abwassernetze, lassen sich nicht umgehen.
- Kosten für die Straßenmodernisierung können Sie in der Regel kaum beeinflussen.
- Erbschaftsteuerreformen könnten auch Immobilienbeitzer betreffen.

- Kommunale Vorschriften, etwa zur Fassadengestaltung, können wechseln.
- Schließlich drohen sogar faktische Enteignungen, wenn der Staat wie nach dem Zweiten Weltkrieg Vermögensabgaben erhebt, denen Sie als Eigentümer wegen der Grundbucheintragung kaum entgehen können.

All dies ist richtig. Dies macht Immobilien im wahrsten Sinne des Wortes zu immobilen Vermögenswerten, da Sie staatlichen Eingriffen kaum entgehen können. Zudem drohen auch massive finanzielle Schäden, die sich durch sonstige staatliche Aktivitäten ergeben:

- Standortnachteile durch fehlende Investitionen
- Wertverluste durch staatlichen oder staatlich geförderten Neubau
- Streichung von Subventionen an potenzielle Käufer, beispielsweise Familienförderungen
- Steuererhöhungen, durch die die Kaufkraft sinkt
- massive Beeinträchtigungen der Wohn- und Lebensqualität durch Infrastrukturmaßnahmen wie den Bau von Windkraftanlagen, zusätzlichen Straßen etc.

All dies ist für Sie kaum kalkulierbar. Deshalb müssen Sie mit möglichen Wertverlusten für Ihre Immobilien rechnen. Daher bringen Immobilien deutlich höhere Risiken mit sich, als uns die Kredit vergebenden Banken und auch staatlich geförderte Beratungsstellen weismachen wollen. Dennoch bleibt für Sie als Immobilieneigentümer und -nutzer:

Viele dieser negativen Faktoren könnten Sie genauso gut treffen, wenn Sie Mieter sind. Höhere Steuern und Gebühren werden oftmals über den Mietpreis umgelegt, jedenfalls dann, wenn Sie einen gut kalkulierenden Vermieter haben.

Die Kosten für Modernisierungen und Sanierungen, die von Staats wegen vorgeschrieben sind, würden sich ebenfalls in Mietpreisen niederschlagen. Kommunale Vorschriften zur Gestaltung von Gärten oder Fassaden müssten Sie gegebenenfalls mittragen. Die Nachteile fehlender Investitionen in die örtliche Infrastruktur oder Investitionen in Projekte, die Lebensqualität kosten, gingen ebenfalls zu Ihren Lasten. Selbstverständlich können Sie als Mieter den Wohnort wechseln. Die Aufwendungen dafür sind jedoch, wie Sie aus eigener Lebenserfahrung wissen, jeweils erheblich. Die Kosten also bleiben letztlich bei Ihnen.

Letztlich kann vor allem der Staat dafür sorgen, dass das Wohnen insgesamt teurer wird. Die Belastung müssen Sie auf die eine oder andere Weise dennoch tragen, zumindest teilweise. Deshalb kann es sich lohnen, eine Immobilie zu erwerben und dann selbst zu nutzen.

Das ist die größte Stärke von Immobilien

Zwei Gründe für den Erwerb und die Selbstnutzung von Immobilien

Auf der einen Seite haben Sie als Eigentümer im Rahmen der gesetzlichen Vorschriften die Möglichkeit, die Immobilie so zu gestalten, wie Sie es möchten. Dies ist als Mieter in aller Regel nicht möglich. Diese Option ist viel Geld wert. Nicht für jeden von uns, aber für viele. Zweitens ergibt sich bei näherer Betrachtung durch die Selbstnutzung von Immobilien eine beträchtliche Renditechance.

Laut dem Internetportal „Immowelt“ betrug die durchschnittliche Mietpreisbelastung in Deutschland:

- 9,78 €/m² bei einer Wohnfläche bis zu 40 m²
- 6,63 €/m² bei einer Wohnfläche zwischen 40 und 80 m²
- 7,68 €/m² bei Wohnflächen von 80 bis 120 m²
- 8,72 €/m² darüber.

Der Durchschnitt insgesamt liegt bei 7,28 €/m². Dieselbe Quelle spricht davon, dass der durchschnittliche Preis beim Kauf von Immobilien bis zu 100 m² deutschlandweit bei 133.000 € liegt. Beim Kauf von Immobilien bis zu 140 m² sind es schon 226.000 €. Leiten wir daraus für den groben Durchschnitt einen Immobilienpreis von 1.500 €/m² ab.

Vergleichen wir: Die Wohnung mit einer Größe von 100 m² kostet etwa 7,30/m² * 100 m² = 730 €.

Dies entspricht einer jährlichen Miete von ungefähr 8.800 € (12 × 730 €). Nebenkosten kalkulieren wir hier nicht.

Das eigene Haus mit einer entsprechenden Größe würde etwa 150.000 € kosten. Nebenkosten kalkulieren wir auch hier nicht. Dies sind zwar lediglich Durchschnittswerte, zeigen aber, wie sich die Investition rechnen kann. Damit sparen Sie bei einem voll finanzierten Kauf der Immobilie gegenüber der reinen Wohnungsmiete jährlich also 5,9% (8.800 € gegenüber 150.000 € Investition).

Natürlich ist die Immobilie im Kauf wegen der Nebenkosten beim Erwerb etwas teurer. Diese Kosten jedoch lassen sich bei einer Nutzung über viele Jahre bezogen auf die jährliche Bilanz reduzieren.

Ebenso könnten Sie einwenden, dass Eigentümer für die Renovierung und Sanierung Rücklagen bilden sollten. Dies jedoch gilt unausgesprochen auch für Mieter. Denn die Miete wird nach Renovierung und Sanierung noch steigen, ohne dass dies vorher kalkuliert war.

Dennoch: Selbst wenn Sie 2 Prozentpunkte für die Instandhaltung und Modernisierung der Immobilie sowie 1 Prozentpunkt für Steuern und Abgaben, die in der oben genannten Bruttomiete noch nicht enthalten sind, berücksichtigen, bleibt eine Nettorendite von 2,5 bis 2,9% durch die Investition in die selbst bewohnte Immobilie.

Beachten Sie: Diese Rendite ist netto, wird also nach Steuern angegeben. Denn die eingesparte Miete müssen Sie im Gegensatz zu positiven Einkunftsarten nicht mehr versteuern.

Die Rechnung stellt einen Idealfall dar und wird sich in der Praxis durch zusätzliche Umbauten und Investitionen sowie durch die Finanzierung verändern. Sie zeigt aber, dass und warum es sinnvoll sein kann, eine Immobilie zu erwerben und selbst zu bewohnen. Die „Lage“ spielt dann keine Rolle, auch wenn Experten dies immer wieder betonen (wollen).

Finanzierungskosten können Eigenkapitalrendite noch hebeln

Eine Anmerkung zu den Finanzierungskosten: Die Rechnung verschiebt sich bei einer günstigen Finanzierung nicht wesentlich. Denn die eingesparte Miete und die daraus resultierende Rendite beziehen sich auf den Betrag, den Sie selbst investiert haben.

Konkret: Wenn von 150.000 € aus dem oben genannten Beispiel 75.000 € fremdfinanziert sind und Sie inklusive aller Nebenkosten 5% jährlich an Zinsen zahlen, stellt sich die Rechnung in den ersten Jahren wie folgt dar:

8.800 € Mietersparnis für die ansonsten bewohnte Mietimmobilie bleiben bestehen. Hier allerdings müssen Sie einen jährlichen Zinsaufwand von 3.750 € (5% von 75.000 € Fremdkapital) berücksichtigen. Unter dem Strich beträgt der grob kalkulierte Ertrag also lediglich 5.000 € nach Zinsen. Dies entspricht allerdings bei einem Eigenkapital-Einsatz von 75.000 € jetzt sogar einer Bruttorendite von 6,7%. Wenn Sie hier noch eine Rücklage von 2% für die Wartung und Renovierung bilden sowie 1 Prozentpunkt sonstige Steuern berücksichtigen, bleiben auf das eingesetzte Kapital immer noch 3,5% oder etwas mehr Nettorendite übrig.

Auch hier gilt, dass Ihr Ertrag netto (!) erwirtschaftet wird. Hierfür müssten Sie ansonsten etwa 5% Bruttorendite mit anderen Anlageklassen erzielen. Das gelingt allenfalls mit Aktien.

Bei selbst bewohnten Immobilien ist allerdings die Sicherheit wesentlich größer, da Sie die Miete auf jeden Fall einsparen. Sollte sich ein Mehraufwand im Betrieb der Immobilie ergeben, haben Sie in der Regel immer noch die

Wahl, ob, wann und in welcher Weise Sie die Sanierung durchführen.

Die Rechnung wird sich unter dem Strich verändern, wenn Sie die Änderung des Immobilienwertes mitkalkulieren. Bislang haben wir nur die laufenden Erträge und Ersparnisse kalkuliert.

Sollten Immobilien im Durchschnitt 0 bis 1% nach Inflation wertvoller werden, würden Sie, wenn die Rücklagen nach der oben genannten Kalkulation für die Renovierung und Sanierung reichen, sogar noch einen kleinen Wertaufschlag erhalten. Dies allerdings ist nicht Bestandteil einer seriösen Kalkulation.

Mein Standpunkt: Insgesamt ist die selbst bewohnte Immobilie in den nächsten Jahren eine der sichersten Anlageformen, wenn Sie die gesparten Mieten als Ertrag für sich verbuchen und Rücklagen für Renovierung oder Sanierung bilden. Besonders die Steuervorteile der reinen Ersparnis kann Ihnen der Staat kaum nehmen.

Leitfaden Immobilien-Finanzierung

So finden Sie die für Sie optimale Lösung

Die Planung einer Baufinanzierung sollte auf Ihre individuelle Lebenssituation zugeschnitten sein. Nur wer auf Dauer die monatlich anfallenden Belastungen tragen kann, wird glücklich und zufrieden in seinen vier Wänden leben. Zu unterscheiden sind folgende Finanzierungsziele:

- niedrige monatliche Belastung
- möglichst schnelle Entschuldung
- ausreichende Liquidität zum Leben

Nicht alle Ziele werden gleichzeitig erreicht werden können. Denn eine schnelle Entschuldung erfordert einen hohen Tilgungsgrad, der wiederum die monatliche Belastung in die Höhe treibt. Beim Ziel einer möglichst schnellen Entschuldung ist eine Sondertilgungsvereinbarung sinnvoll. Nachfolgend erhalten Sie einen Überblick über die wichtigsten Darlehensarten einer Baufinanzierung.

Annuitäten-Darlehen

Ein Annuitäten-Darlehen ist ein Darlehen mit konstanten Rückzahlungsbeiträgen (Raten). Im Gegensatz zum Tilgungsdarlehen bleibt die Höhe der zu zahlenden Raten über die gesamte Laufzeit gleich. **Die Annuitätenrate setzt sich aus einem Zins- und einem Tilgungsanteil zusammen.** Da mit jeder Rate ein Teil der Restschulden getilgt wird, verringert sich der Zinsanteil zugunsten des Tilgungsanteils. **Am Ende der Laufzeit ist die Kreditschuld vollständig getilgt.**

Der Zinssatz wird bei Abschluss eines Annuitäten-Darlehens über einen vertraglich vereinbarten Zeitraum festgelegt. Dieser Zeitraum kann sich auch über die komplette Kreditlaufzeit erstrecken. Die Tilgung sollte pro Jahr mindestens 1% der Kreditsumme betragen.

Aber Achtung: Wer bei dem aktuell niedrigen Zinsniveau die übliche Anfangstilgung von 1% wählt, sollte wissen, dass es bei niedrigen Zinsen deutlich länger dauert als bei höheren, bis die Immobilie schuldenfrei ist. Wer kann, sollte deshalb mit 2%, vielleicht sogar 3% Anfangstilgung beginnen oder kostenlose Sondertilgungsmöglichkeiten aushandeln.

Das Annuitäten-Darlehen ist die häufigste Form der Immobilienfinanzierung. In Deutschland wird der Zinssatz üblicherweise für 5, 10 oder 15 Jahre festgeschrieben. Danach kann der Vertrag gekündigt werden bzw. ein neuer Zinssatz für die Weiterführung des Vertrages muss verhandelt werden.

Vorteile:
- grundsätzlich gut geeignet zur Eigenheimfinanzierung
- bei langer Zinsbindung stabile monatliche Belastung
- kalkulierbarer Schuldabbau

Nachteil:
- Zinserhöhungsrisiko nach Ablauf der Zinsbindung

Volltilger-Darlehen oder Konstant-Darlehen

Das Volltilger-Darlehen ist nichts anderes als ein Annuitäten-Darlehen. Bei einem Volltilger-Darlehen oder auch Konstant-Darlehen werden die Zinsbindung und die Laufzeit des Darlehens aufeinander abgeglichen. Die Höhe der monatlichen Rate aus Zins und Tilgung wird so berechnet, dass am Ende der Zinsbindung des Darlehens, z. B. nach 10, 15 oder 20 Jahren, das Darlehen vollständig getilgt ist. Da die Laufzeiten kürzer sind, sind Sie schneller wieder schuldenfrei und haben die Sicherheit, von Zinsschwankungen verschont zu bleiben.

Vorteile:
- fester Zinssatz über die gesamte Laufzeit des Darlehens, bzw. kein Zinsänderungsrisiko
- Die Kosten der Baufinanzierung sind genau berechenbar, da die gesamte Laufzeit des Darlehens schon feststeht und das Darlehen am Ende der Laufzeit getilgt ist.
- sehr niedrige Kosten im Vergleich zu Kombipaketen wie Versicherungsdarlehen oder Bausparvertragsdarlehen, da weniger Gebühren und Provisionszahlungen anfallen
- sehr übersichtliche Form der Finanzierung, da nur wenige Finanzprodukte verwendet werden

Nachteil:
- Gefahr einer zu optimistischen Kalkulation. Kommt es zu einem unvorhergesehenen Ereignis (z. B. einer großen Reparatur), wird die Rate oft unbezahlbar.

Cap-Darlehen

Hierbei handelt es sich um ein **Annuitäten-Darlehen mit variablem Zinssatz**. Zur Begrenzung des Zinsrisikos wird ein sogenannter „Cap“ vereinbart (= Vereinbarung einer Zinsobergrenze für einen bestimmten Betrag über eine festgelegte Laufzeit bei einem variablen Darlehen). Hierdurch sichert sich der Kunde ab, dass er bei steigendem Zins nie mehr als den als Cap vereinbarten Zins zahlen muss.

Für die Vereinbarung eines Caps zahlt der Kunde einen

Aufschlag, der als eine Art Versicherungsprämie zu verstehen ist. Zusätzlich kann auch eine Zinsuntergrenze vereinbart werden.

Vorteile:
- grundsätzlich gut geeignet zur Eigenheimfinanzierung
- bei langer Zinsbindung stabile monatliche Belastung
- kalkulierbarer Schuldenabbau

Nachteil:
- Zinserhöhungsrisiko nach Ablauf der Zinsbindung. Das hohe Risiko einer steigenden Belastung bei variablen Zinsen wird durch die Vereinbarung einer Zinsobergrenze zwar ausgeschlossen, damit entfällt jedoch bei steigenden Zinsen das Einsparpotential.

Versicherungsdarlehen (Festdarlehen mit Lebensversicherung)

Ein monatlich zu verzinsendes Festdarlehen wird zum Ablauf des Vertrages in einer Zahlung abgelöst. Hierfür wird eine Kapitallebensversicherung abgeschlossen. **Die Tilgung erfolgt durch die kapitalbildende Lebensversicherung**.

Bei dieser Kombinationsfinanzierung zahlt der Kreditnehmer über die gesamte Laufzeit des Darlehens **nur die Zinsen als Rate, d. h. die Belastung während der Laufzeit beschränkt sich nur auf die Zahlung der Zinsen** – das Darlehen selbst ist tilgungsfrei gestellt. Die Darlehensschuld wird beim endfälligen Darlehen (auch Festdarlehen) am Laufzeitende zurückgezahlt.

Der Zinssatz kann je nach vertraglicher Vereinbarung bis zum Laufzeitende fest oder auch variabel sein, entweder am Ende einer fest vereinbarten Laufzeit oder nach einer erfolgten Kündigung. Durch Senkung des Garantiezinses durch die Versicherungsgesellschaften ist diese Art der Finanzierung für Eigentümer, die ihre Immobilien selbst nutzen wollen, meist uninteressant.

Vorteile:

- Die Schuldzinsen sind steuerlich absetzbar.
- Für Eigentümer, die ihre Immobilie **nicht selbst nutzen**, sondern vermieten wollen, kann diese Variante aus steuerlichen Gründen interessant sein. Die Darlehenszinsen sind bei vermieteten Immobilien steuerlich voll über die gesamte Laufzeit als Werbungskosten abziehbar.
- Für Eigennutzer ist das neue Alterseinkünftegesetz zu beachten. Bei Neuverträgen ist in Zukunft unter bestimmten Voraussetzungen nur die halbe Wertsteigerung zu versteuern. Trotzdem ist der Gesamtaufwand nach Steuer beim Verrechnungsabkommen in der Regel immer noch geringer als bei Tilgungsdarlehen.
- Integrierte Todesfallversicherung: Die Angehörigen sind für den Fall der Fälle abgesichert.

Nachteile:

- Gefahr einer Finanzierungslücke. Diese entsteht dann, wenn die Wertentwicklung der Versicherung am Ende der Darlehenslaufzeit geringer ausfällt als erwartet, um die Darlehensschuld abzulösen.

- Es erfolgt keine Tilgung, d. h. die Höhe des Darlehens bleibt bis zur Ablösung durch die Versicherung bestehen.

Bausparvertragdarlehen (Festdarlehen mit Lebensversicherung)
Beim Festdarlehen mit Bausparverträgen erfolgt die Tilgung des Festdarlehens über einen angesparten Bausparvertrag. Durch die Besparung eines Bausparvertrages sichert man sich den Anspruch auf ein zinsgünstiges Darlehen. Um dieses zinsgünstige Darlehen zu erhalten, muss der Bausparer ca. 40–50% der Bausparsumme angespart haben. Nach Zuteilung des Bausparvertrages löst dieser das Festdarlehen ab. Die Bank gewährt vorab ein Darlehen in Höhe der Bausparsumme. Mit Zuteilung des Bausparvertrages erfolgt die Rückzahlung des Darlehens.

Bauspardarlehen sind Annuitäten-Darlehen mit einem Festzins über die gesamte Laufzeit.

Die Bank kann aber je nach Vereinbarung auf eine Tilgung während der Laufzeit verzichten.

Vorteile:
- Planungssicherheit, da feste Kreditzinsen und schnelle Entschuldung gewährleistet sind
- Das Bauspardarlehen kann jederzeit ganz oder teilweise zurückgezahlt werden, ohne dass die bei Banken üblichen Vorfälligkeitsentschädigungen anfallen.
- Speziell in Niedrigzinsphasen lohnt sich der Abschluss eines Bausparvertrages, da sich der Bausparer damit gegen hohe Hypothekenzinsen in der Zukunft absichert.

Nachteile:
- hohe Tilgungsraten aufgrund der relativ kurzen Laufzeit (vertragsabhängig)
- Der Bausparer hat keinen Rechtsanspruch auf das Bauspardarlehen. So kann die Bausparkasse, z. B. bei nicht ausreichender Bonität, die Auszahlung des Bauspardarlehens ganz oder teilweise verweigern.

KfW-Darlehen

Die Kreditanstalt für Wiederaufbau (KfW) vergibt Kreditprogramme zur **Finanzierung von wohnwirtschaftlichen Investitionen**. Gerade die Bedingungen für Sanierungs- und Modernisierungsmaßnahmen unter Einbeziehung von ökologischen Vorgaben sind günstig. Es gilt keine Einkommensgrenze.

Informationen über die Fördermöglichkeiten finden Sie auf der Internet-Seite *www.kfw.de*.

Immobilienkaufverträge: So setzen Sie Ihre Rechte durch

Jede Investition in Immobilien ist nicht nur eine Chance, sondern birgt auch Risiken. Um Streitigkeiten und Enttäuschungen vorzubeugen, sollten Sie beim Kauf einer Immobilie daher schon vor der eigentlichen Beurkundung den Kaufvertragsentwurf des Notars gründlich lesen. Sicherlich: Der Notar ist im Rahmen der Beurkundung eines Kaufvertrags nicht Vertreter einer Partei, sondern vielmehr ein unabhängiger und unparteiischer Betreuer sowohl des Käufers als auch des Verkäufers. Dennoch sollten Sie bereits das Entwurfsdokument sorgfältig daraufhin prüfen, ob Ihre Interessen gewahrt sind. Übrigens muss der Notar den Vertragsentwurf mindestens zwei Wochen vor der Beurkundung den Parteien zur Verfügung stellen, damit diese ausreichend Zeit zur Prüfung haben!

Welche Fallstricke in Immobilienkaufverträgen lauern können und worauf Sie besonders achten sollten, erfahren Sie im Folgenden.

Unbebaute Grundstücke – Zusicherung bestimmter Eigenschaften

Der Verkäufer ist verpflichtet, Ihnen ein verkauftes Grundstück frei von Mängeln zu übergeben. Ist für Sie als Käufer eine besondere Beschaffenheit des Grundstücks wichtig, sollten Sie sich diese im Vertrag ausdrücklich zusichern lassen (sogenannte Beschaffenheitsgarantie). Fehlt dem Grundstück dann die zuvor garantierte Eigenschaft, so können Sie nicht nur vom Vertrag zurücktreten oder den Kaufpreis mindern, sondern auch Schadenersatz verlangen. Die Garantie muss vom Verkäufer allerdings ernsthaft gewollt sein, damit er für die Rechtsfolgen einstehen muss – eine bloß einseitige Beschreibung genügt nicht. Bindend sind Beschaffenheitsgarantien des Verkäufers z. B. bei Erklärungen, dass bestimmte Bauvorhaben baurechtlich genehmigt sind, dass ausstehende Anliegerbeiträge bereits entrichtet wurden oder dass das Grundstück eine bestimmte Größe hat.

Achtung: Der Verkäufer wird in der Regel versuchen, seine Gewährleistung für Mängel auszuschließen, etwa mit folgender Klausel: *„Die Rechte des Käufers wegen eines Sachmangels des Grundstücks sind ausgeschlossen."* Stellt sich dann später heraus, dass dennoch Mängel vorliegen, haben Sie allenfalls sehr eingeschränkte Gewährleistungsansprüche. Und zwar nur dann, wenn dem Verkäufer die Mängel bekannt waren, er sie Ihnen jedoch arglistig verschwiegen bzw. Sie hierüber getäuscht hat. Doch selbst das haben Sie im Streitfall vor Gericht darzulegen und ggf. zu beweisen. Wenn der Verkäufer auf einem Gewährleistungsausschluss besteht, sollten Sie zumindest auf folgende Klausel im Vertrag drängen: *„Der Verkäufer versichert, dass ihm versteckte Mängel nicht bekannt sind."*

Sonderproblem Altlasten

Ein besonderes Problem stellen Grundstücke mit möglichen Altlasten dar. Unabhängig von vertraglichen Vereinbarungen sollten Sie hier auch selbst Erkundigungen einholen, um Nachteile durch Altlasten zu vermeiden. Fragen Sie z. B. bei Wasserwirtschaftsämtern, Umweltdezernaten, Baubehörden, Bauordnungsämtern sowie den zuständigen Abfallwirtschaftsbehörden nach. Erhalten Sie Anhaltspunkte, dass das Grundstück umfangreiche Altlasten aufweist, sollten Sie sich im Kaufvertrag ein Rücktrittsrecht vorbehalten, etwa mit folgender Klausel: *„Der Käufer ist berechtigt, vom Vertrag zurückzutreten, wenn die Gesamtkosten der Sanierung des Grundstücks von Altlasten den Betrag von … € übersteigen. Ein Recht zum Rücktritt vom Vertrag besteht auch, wenn die Sanierung nicht innerhalb eines Zeitraums von … Monaten abgeschlossen werden kann."*

Grundstückserschließungskosten

Die Erschließung hat den Zweck, ein Grundstück „baureif“ zu machen. Unter die Erschließung fällt etwa die Herstellung von öffentlichen Verkehrsanlagen (Straßen, Wegen, Parkplätzen) sowie von Kinderspielplätzen. Die Baumaßnahmen, die Sie auf Ihrem Grundstück selbst durchführen lassen müssen, gehören hingegen nicht dazu (z B. der Anschluss Ihres Hauses an die kommunale Wasserversorgung oder die Einrichtung der Grundstückszufahrt).

In § 436 BGB ist geregelt, dass der Verkäufer eines Grundstücks verpflichtet ist, Erschließungsbeiträge für die Maßnahmen zu tragen, die bis zum Tag des Vertragsschlusses bautechnisch begonnen wurden.

Es kommt hier also nicht darauf an, wann für die Kosten dieser Maßnahme die Beitragsschuld entsteht, d. h. wann der Beitragsbescheid zugestellt wird. Hat der Verkäufer bereits Vorauszahlungen auf die Erschließungskosten geleistet, erfolgt die Abrechnung aber erst nach der Eigentumsumschreibung im Grundbuch, werden Ihnen als Käufer die bereits vom Verkäufer geleisteten Vorauszahlungen angerechnet.

Zur Klarstellung für beide Vertragspartner ist etwa die folgende Regelung im Kaufvertrag empfehlenswert: *„Kosten aller Art für bis einschließlich zum Tag der Beurkundung dieses Vertrags durchgeführte Erschließungsmaßnahmen trägt der Verkäufer. Ab dem Tag nach der Beurkundung des Vertrags durchgeführte Erschließungsmaßnahmen trägt der Käufer. Gleichgültig ist, wann die Erschließungskosten fällig und wann sie in Rechnung gestellt werden. Der Verkäufer ver-*

sichert, dass Erschließungsbeiträge nach Landesrecht gegenwärtig weder offen noch gestundet sind.“

Neubau eines Wohnhauses bzw. einer Eigentumswohnung

Fertigstellungstermin

Beim Neubau verpflichtet sich der Bauträger aufgrund des Bauträgervertrags, ein Grundstück an den Erwerber zu übertragen und darauf ein Gebäude zu errichten. Unabhängig von beabsichtigter Vermietung oder Eigennutzung ist für Sie zunächst wichtig, mit dem Bauträger den **konkreten Fertigstellungstermin vertraglich zu vereinbaren**, etwa mit folgender Klausel:

„Bezugsfertigkeit der schlüsselfertigen Eigentumswohnung (Wohnhauses) am ... (Angabe des vereinbarten Datums).“ Vage Vertragsklauseln wie etwa *„Die Fertigstellung erfolgt zehn Monate nach Baubeginn“* oder *„Die Fertigstellung erfolgt acht Monate nach der Erteilung der Baugenehmigung“* sollten Sie dagegen nicht akzeptieren.

Neben einem konkreten Fertigstellungstermin sollten Sie auch eine Vertragsstrafe für den Fall einer verspäteten Fertigstellung vereinbaren. Dies hat den Vorteil, dass Sie etwaige Schäden aufgrund eines Verzugs des Bauträgers dann nicht konkret einzeln nachweisen und berechnen müssen. Geeignet ist etwa folgende Vertragsklausel: *„Gerät der Bauträger mit der Fertigstellung in Verzug, ist eine Vertragsstrafe in Höhe von 0,25% des Auftragswertes je Werktag fällig. Die Vertragsstrafe darf jedoch 10% des Auftragswerts nicht übersteigen.“*

Fälligkeit des Kaufpreises

Für den Abschluss von Bauträgerverträgen schreibt die Makler- und Bauträgerverordnung vor, dass der Kaufpreis zum Schutz des Käufers in bis zu sieben einzelnen Raten entsprechend dem tatsächlichen Baufortschritt gezahlt werden muss. Etwa 30% des Kaufpreises sind nach Beginn der Erdarbeiten fällig. Eine andere Vereinbarung kann nur getroffen werden, wenn der Verkäufer eine Bürgschaft stellt.

Kauf einer Bestandsimmobilie: Gut geeignet für Einsteiger

Beim Kauf einer bestehenden Eigentumswohnung müssen Sie daran denken, dass Sie damit nicht nur die Wohnung selbst einschließlich eventuell vorhandener Nebenräume erwerben, sondern auch einen Anteil am gesamten Objekt und an den Gemeinschaftseinrichtungen. Im Kaufvertrag muss der Vertragsgegenstand daher exakt bezeichnet werden.

Prüfen Sie genau, welche Regelungen sich in der Teilungserklärung finden, denn die Größe Ihres Miteigentumsanteils (MEA) hat erhebliche wirtschaftliche Auswirkungen. Der MEA ist nämlich regelmäßig die Basis für die Verteilung der Kosten, die Sie als Wohnungseigentümer anteilig tragen müssen (Betriebs- und Instandhaltungskosten, Sonderumlagen, Verwaltungsgebühren etc.). Achten Sie auch darauf, ob Zahlungsverpflichtungen der Wohnungseigentümergemeinschaft aus früheren Abrechnungen oder sonstige Wohngeldrückstände bestehen, für die Sie ggf. anteilig haften.

Sichern Sie sich dagegen am besten vertraglich ab, etwa mit folgender Vertragsklausel: *„Der Verkäufer versichert, dass Rückstände auf fällige Lasten und Kosten, die das Wohnungseigentum betreffen, nicht bestehen. Der Verkäufer verpflichtet sich ferner, etwaige Wohngeldrückstände bis zum Übergabetag auszugleichen."*

Wenn Sie eine vermietete Eigentumswohnung kaufen, treten Sie als Käufer mit allen Rechten und Pflichten in den bestehenden Mietvertrag ein. Möchten Sie die erworbene, vermietete Wohnung selbst nutzen, können Sie dies nur, wenn Sie mit dem Mieter einen einvernehmlichen Aufhebungsvertrag schließen oder den Mietvertrag kündigen.

Maklercourtage und Kosten der notariellen Beurkundung

Hat ein Makler den Vertragsabschluss vermittelt, wird in den Kaufvertrag häufig eine Maklerklausel aufgenommen, wonach sich Käufer – und ggf. auch Verkäufer – verpflichten, die bereits vereinbarte Vermittlungsprovision zu zahlen. Beispiel: *„Dieser Vertrag ist durch Vermittlung der Firma ... zustande gekommen. Der Käufer hat an die Firma ... eine Courtage in Höhe von ...% des Kaufpreises zuzüglich Umsatzsteuer zu zahlen. Diese Vereinbarung gilt als echter Vertrag zugunsten Dritter gemäß § 328 Abs. 1 BGB."* Falls zwischen Ihnen und dem Makler Unstimmigkeiten über die Zahlung der Vermittlungsprovision bestehen, sollten Sie verlangen, dass keine Maklerklausel in den Kaufvertrag aufgenommen wird.

Für die Kosten der Beurkundung, der Eintragung des Eigentumswechsels im Grundbuch sowie für die Zahlung der Grunderwerbsteuer haften nach den Vorschriften der Kostenordnung und des Grunderwerbsteuergesetzes sowohl Käufer als auch Verkäufer. Üblicherweise werden diese Kosten in Kaufverträgen jedoch dem Käufer auferlegt. Kalkulieren Sie bei der Verhandlung des Kaufpreises daher mit ein, dass diese Belastungen noch zusätzlich auf Sie zukommen. Möglicherweise können Sie den Kaufpreis entsprechend drücken.

Tilgung: Mit diesem Trick halten Sie die Belastung gering

Viele Immobilienkäufer setzen aktuell die Tilgung bei den Finanzierungen sehr hoch an. Doch das kann schiefgehen. Ein Trick hilft Ihnen aber, die Belastung dennoch gering zu halten.

Die aktuell niedrigen Zinsen verführen viele Immobilienbesitzer bei der Finanzierung die Tilgung des Kredits hoch anzusetzen. Die Idee dahinter ist klar: Wenn die Zinsen niedrig sind, kann ein Kredit schneller getilgt werden und ist dann im Endeffekt auch günstiger. Doch dabei wird gerne vergessen: Diese Zusage an die Bank muss immer eingehalten werden. Oft ist es so, dass die Bank eine Tilgung von 2% vorgibt.

Bei dieser Vorgabe ist die Immobilie in 30 Jahren abgezahlt. Wenn Sie aber der Bank anbieten, 5% zu tilgen, hört sich das erst einmal gut an. Doch hier ist Vorsicht geboten.

Falls Sie Ihre Vorgaben gegenüber der Bank nicht mehr erfüllen können, werden Sie vertragsbrüchig und müssen im schlimmsten Fall mit harten Konsequenzen rechnen.

An dieser Stelle kann ich Ihnen nur mein Standardvorgehen vorstellen: Ich vereinbare immer so wenig Tilgung wie möglich – das gilt sowohl für selbstgenutzte Objekte als auch für Immobilien-Investments.

Sondertilgungen von bis zu 5% sind hier der Ausweg

So verpflichten Sie sich nicht zum Lauf im Hamsterrad, aus dem es kaum ein Entrinnen gibt. Dennoch haben Sie eine Chance, hier persönlichen Spielraum zu bekommen: Vereinbaren Sie mit der Bank eine Sondertilgung von 5% im Jahr.

8 Praxis-Tipps für erfolgreiche Immobilien-Investoren

1. Immobilienmarkt: Das sind Ihre wichtigsten Datenquellen

Im Informationszeitalter sind Daten oft kein Mangel. Das gilt auch für den deutschen Immobilienmarkt. So behalten Sie hier aber den Überblick.

Grundsätzlich gilt: Das Angebot an Datenquellen ist sehr groß für den deutschen Immobilienmarkt. Dabei reicht es von flächendeckenden Analysen des gesamten Bundesgebiets bis hin zu Mikroanalysen einzelner Stadtteile.

Sehr umfangreich sind beispielsweise die Berichte der Gutachterausschüsse. Sie fassen das tatsächliche Geschehen am Immobilienmarkt zusammen. Als Datenbasis dienen hier die abgeschlossenen Notarverträge über Immobilien. Die Berichte erscheinen in der Regel mit einem Abstand von etwa 6 Monaten zum Berichtszeitraum. Daher hinken sie der aktuellen Entwicklung leicht hinterher. Die Datenbasis ist aber einzigartig.

In einigen Bundesländern existieren Obere Gutachterausschüsse, die die Berichte einzelner Beteiligter zusammenfassen. Auch diese erscheinen in einem gewissen Abstand zum tatsächlichen Marktgeschehen.

Deutschlandweit veröffentlichen einige Industrie- und Handelskammern Marktberichte. Meistens handelt es sich um das Geschehen am gewerblichen Immobilienmarkt, das in diesen Berichten zusammengefasst wird. Dies ist nachvollziehbar, weil eben auch die Klientel der IHKs in der Geschäftswelt angesiedelt ist. Die Berichte erscheinen vielfach halbjährlich und können über die jeweilige IHK bezogen oder auf der jeweiligen Webseite eingesehen werden.

An dieser Auflistung erkennen Sie schnell: Auch abseits der großen Online-Immobilienportale können Sie sich ein gutes Bild über den deutschen Markt machen.

2. Starten Sie mit kleinen Objekten … Es lohnt sich

Wenn Sie neue Objekte übernehmen, sollten Sie vor allen Dingen erst einmal eine Bestandsaufnahme über die Einnahmen machen. Im Grunde geht es darum, die Ist-Miete im besten Fall deutlich aufzustocken.

Die Idee dahinter ist einfach – wird jedoch von vielen Vermietern nicht beachtet: Jeder Euro mehr an Miete erhöht automatisch ihren Cashflow aus einem Objekt. Diese sehr einfache Möglichkeit wird von vielen Vermietern nicht ausgenutzt.

Nutzen Sie die Chance zur Mieterhöhung bei Eigentümerwechsel

Gerade bei einem Eigentümerwechsel ist es jedoch gut möglich, die Miete zu erhöhen. Oft haben die bisherigen Vermieter es versäumt, höhere Mieten zu nehmen. Dabei gibt es eben klar definierte Grenzen für die Miete. Dazu gehören die ortsüblichen Vergleiche genauso wie die ausstattungsspezifischen Faktoren der Wohnung.

Hier haben Sie als Vermieter durchaus einen großen Spielraum. Der ist zwar auf den ersten Blick durch die Mietpreisbremse eingeschränkt. Aber lassen Sie sich durch dieses Gesetz nicht von Mieterhöhungen abhalten. Zudem bestehen zahlreiche Ausnahmeregeln, die Ihnen genügend Freiraum bieten.

Dazu nur ein kurzes Beispiel: Bei möblierten Wohnungen greift die Mietpreisbremse nicht. Zudem können Sie in dem Fall sowieso höhere Mieten verlangen, denn Sie bieten dem Mieter von vornherein einen Mehrwert.

Bieten Sie dem Mieter etwas an – bevor Sie die Miete erhöhen

Allerdings ist es auch sinnvoll, nicht direkt nach der Übernahme eines Objekts als erste Maßnahme die Miete zu erhöhen. Das sorgt in vielen Fällen für ein gespanntes Verhältnis zu Ihrem Mieter. Besser ist es in dem Fall vielleicht, kleinere Verbesserungen vorzunehmen und erst danach die Miete tatsächlich zu erhöhen.

Wenn Sie als Vermieter stetig höhere Erträge haben wollen, gibt es im Übrigen eine einfache Möglichkeit: Nutzen Sie einen Staffelmietvertrag. Dann steigt die Miete jedes Jahr oder auch nur alle drei Jahre an. Hier müssen Sie sich dann nicht mehr darum kümmern. In der Praxis nutzen gar nicht so viele Vermieter diese Möglichkeit, obwohl sie eine klare Vereinfachung bringt.

3. Das sind die besten Standorte für Immobilien-Investments

Der Erfolg von Immobilien-Investments hängt auch vom Standort der Immobilie ab. Doch wie finden Sie wirklich gute Standorte für Immobilien? Ein erster, wichtiger Ratschlag lautet: Verlassen Sie die gewohnten Pfade und schauen Sie vor allen Dingen über den Tellerrand des eigenen Wohnumfelds hinaus.

Denn mit Ihrem Investment wollen Sie doch eine ordentliche Rendite erzielen. Die ist in Toplagen wegen der extrem hohen Kaufpreise oft nicht mehr zu realisieren. Vielmehr sollte Ihr Augenmerk auf anderen Regionen liegen. Standorte mit mittel- bis langfristig hohem Wohnraumbedarf sind hier besonders attraktiv.

Schauen Sie nicht nur vor der eigenen Haustür

In diese Kategorie fallen oft Immobilien in den sogenannten Speckgürteln der großen deutschen Metropolen. An dieser Stelle müssen Sie sich die Frage stellen: Gibt es solche Standorte möglicherweise sogar in der Nähe ihres Wohnortes? Wenn dem so sein sollte, ist das sehr positiv.

Eine Sache spielt auch bei Immobilieninvestments eine große Rolle. Befinden sich ihre Investments in der Nähe ihres Wohnortes, ist es deutlich einfacher, dort den Überblick zu behalten und auch regelmäßig vorbeizuschauen. Allein dadurch steigern Sie die Effizienz und die Renditechancen.

Jedoch sollten Sie den persönlichen Aufwand auch nicht unterschätzen. Und wenn tatsächlich schwerwiegende Dinge fällig sind bei denen größere Entscheidungen gefällt werden müssen, können Sie nicht immer alles auf eine örtliche Verwaltung abwälzen.

Konzentrieren Sie sich schnell auf wenige Standorte

Zudem sollten Sie sich nicht zu viele Standorte anschauen, sondern schon schnell eine Vorauswahl treffen. Die vergangenen Jahre haben gezeigt, dass die höchsten Renditen eher an durchschnittlichen bis guten Standorten zu erzielen sind. Wenn Sie da die Augen aufhalten, können Sie auch jetzt noch attraktive Investments tätigen.

4. Problemimmobilien – das ist Ihre Chance

Viele mögliche Investoren schreckt die Kategorie „Problemimmobilien“ sofort ab. Fakt ist aber: Im meinen vielen Jahren als Immobilien-Investor habe ich schon etliche Objekte übernommen, die in diese Kategorie gehörten.

Doch im Nachhinein kann ich Ihnen auch sagen: Gerade bei diesen vermeintlichen Problemfällen habe ich häufig deutlich überdurchschnittliche Renditen erzielt, wenn ich dieses Objekt dann später wieder verkauft habe.

Nicht alle Probleme bei Immobilien sind lösbar – die meisten aber schon

Zunächst einmal fragen Sie sich vielleicht, was denn eine „Problemimmobilie“ genau ist. Die Gründe für dieses Etikett sind breit gestreut. Dazu können Probleme zählen bei der Mieterstruktur oder auch bei der Nutzung des Objekts (insbesondere wenn Gewerbeeinheiten mit im Spiel sind). Es kann sich aber auch um bautechnische oder genehmigungstechnische Probleme handeln, von denen Objekte negativ betroffen sind. Diese breite Palette spiegelt sich beim Verkauf in einer Sache wider: Die offensichtlichen Probleme führen zu einem reduzierten Preis.

Allerdings gibt es Problemfaktoren rund um den Kauf von Immobilien, bei denen auch ich nicht aktiv werde. Dazu gehören offensichtliche Umweltbelastungen des Bodens oder auch der Gebäude selbst. Hier lasse ich die Finger davon – denn der Sanierungsaufwand ist oft nur schwer kalkulierbar. Für die meisten Probleme im Umfeld mit Immobilien gibt es jedoch Lösungen. Im Endeffekt geht es nur darum, ob Sie bereit sind, das zusätzliche Risiko zu tragen.

5. Optimierung: Eine wichtige Säule für Investoren

Als Immobilien-Investor haben Sie es selbst in der Hand: Sie können durch Optimierungen den Wert der Objekte aktiv steigern und die Erträge erhöhen.

Wenn Sie Objekte als Investment kaufen, haben Sie es in vielen Fällen selbst in der Hand. Sie können die Rendite für Ihr Objekt aktiv steigern. Das Stichwort dahinter lautet: Optimierungen. Im Grunde geht es darum, mit geeigneten Maßnahmen die Ertragskraft des Objekts zu steigern.

Nun haben sie dabei zwei Möglichkeiten. Sie können zum einen die Ausgaben senken oder auch zum anderen die Einnahmen steigern. Bezogen auf die Ausgaben besteht meistens nur wenig Möglichkeit für Sie, diese zu verringern. Feste Kosten bei Immobilien fallen nun einmal an. Dazu gehören die Verwaltungskosten oder auch die Grundsteuer und andere feste Positionen. Hier bietet sich kaum Spielraum.

Was ihnen also bleibt, ist das Erhöhen der Einnahmenseite. Und genau darauf sollte auch Ihr Fokus liegen. Ich würde sogar noch einen Schritt weitergehen und die Optimierung von Objekten zum zentralen Punkt bei Immobilieninvestitionen machen.

Einen Aspekt sollten Sie dabei allerdings auch beachten: Sehen Sie nicht vornehmlich nur den Mieter als zentrales Element der Optimierung. Versuchen Sie nicht durch eine maximale Miete die Einnahmen zu erhöhen. Das mag kurzfristig für Sie funktionieren. Doch mittel- bis langfristig kann das auch zu zwischenzeitlichen Leerständen führen. Vor allem dann, wenn Sie das Rad bei den Mieten überdrehen.

Erst die Kombination vieler Maßnahmen zahlt sich aus

Viel spannender wird es für Sie bei verschiedenen Maßnahmen, die sie aktiv in dem Objekt vornehmen können. Dabei sollte Ihnen bewusst sein, dass kleine Einzelmaßnahmen für sich genommen wohl kaum nennenswert höhere Erträge liefern. Doch durch eine Vielzahl solcher Maßnahmen lässt sich auch der Ertrag spürbar steigern.

Außerdem hört sich eine Mieterhöhung von beispielsweise 20 € für eine neue Stellfläche vielleicht nicht viel an. Doch Sie müssen bedenken, dass dieses Geld ab dem Zeitpunkt monatlich fließt und Sie so Ihre Bilanz bei diesem Objekt langfristig verbessern.

6. Im Einkauf liegt der Gewinn

Auch bei dieser Investition gilt die alte kaufmännische Weisheit, dass der Gewinn im Einkauf liegt. Nachfolgend einige Hinweise, mit denen Sie die Kaufpreise für Immobilien trotz der scheinbaren Immobilienblase in Deutschland senken können.

Maklerprovisionen: Maklerprovisionen müssen Sie nach den jüngsten Gesetzesänderungen nicht zwingend übernehmen. Dennoch ist kein Verkäufer rechtlich gezwungen, seine Immobilie zu verkaufen. Daher kann es trotz der gesetzlichen Änderungen passieren, dass sich für bestimmte Immobilien kein Kaufangebot ohne Makler findet. Die Maklerprovision selbst können Sie auf jeden Fall senken, indem Sie den Kaufpreis über den Makler verhandeln.

Aus Maklersicht sind kleinere Änderungen im Kaufpreis ohne Belang. Erhebt ein Makler beispielsweise eine Provision von 3%, beträgt der Unterschied für den Makler bei Kaufpreisen von 350.000 € beziehungsweise 300.000 €

lediglich 1.500 €. Dafür kann es passieren, dass die Immobilie bei niedrigeren Preisen schneller aus dem Bestand verkauft wird. Dies ist ein entscheidender Vorteil für den Makler. Sie können Makler also vor Ihren eigenen Karren spannen.

Die Höhe der Grunderwerbsteuer hängt ebenfalls von der Höhe des Kaufpreises ab. Auch deshalb lohnt es sich, wenn der Makler zu Ihrem Bündnispartner beim Kauf wird und den Kaufpreis senkt. Dasselbe gilt für alle anderen Kosten, die sich am Kaufpreis orientieren. Also beispielsweise für Notargebühren. Deshalb können Sie die Notargebühren schon dadurch senken, dass Sie den Kaufpreis teilen:

Sofern Sie lediglich ein Baugrundstück erwerben und darauf eine Immobilie errichten, orientiert sich die Höhe der Notargebühren allein am Wert des Grundstückkaufs. Dies ist anders, wenn Sie eine Bestandsimmobilie erwerben. Dann zahlen Sie für das Grundstück ebenso wie für die Immobilie. Eine Unterscheidung findet nicht statt, noch nicht einmal für das Inventar, das Sie mit erwerben.

Beispielsweise die Kücheneinrichtung, den Bodenbelag, die Sauna etc. Dennoch: Wenn Sie sich mit dem Verkäufer der Immobilie darüber einigen, diese Einrichtungsgegenstände außerhalb des eigentlichen Rechtsgeschäfts zu erwerben, geht der Notar leer aus. Dasselbe gilt für den Makler, der sich nur am notariell beurkundeten Kaufpreis orientieren darf. Mit anderen Worten: Schließen Sie einfach einen zusätzlichen Vertrag zur Übernahme bestimmter Wertgegenstände ab.

Den Kaufpreis können Sie auch jenseits der Gebühren für Nebenkosten relativ einfach reduzieren. So dürfte es für viele Verkäufer lukrativ sein, die Immobilie möglichst schnell und sicher zu verkaufen. Sofern Sie glaubwürdig Liquidität und Kaufwillen nachweisen, haben Sie in aller Regel deutlichen Verhandlungsspielraum. Dazu sollten Sie wissen: Im Durchschnitt muss jeder Verkäufer zumindest drei Besichtigungstermine vereinbaren, bevor es überhaupt zu Preisverhandlungen kommt oder bis die Immobilie tatsächlich zu verkaufen ist. Dann kommt es eventuell zu weiteren Besichtigungsterminen, zu Prüfungen durch Gutachter oder ähnliche Zeitfresser. Schließlich müssen Verkäufer die Finanzierungsfähigkeit des Käufers prüfen lassen, brauchen also eine Bankauskunft oder gegebenenfalls Sicherheiten, die wiederum geprüft werden müssen.

Schließlich folgt der Notartermin. Der Käufer legt fest, bei welchem Notar das Geschäft über die Bühne gehen soll. So sind Verkäufer also weitgehend ohne eigene Einflussmöglichkeit vom Terminkalender eines Notars abhängig. Insgesamt kann zwischen der Verkaufsabsicht, den ersten Verkaufstätigkeiten und dem tatsächlichen Verkaufsabschluss schnell eine Frist von mehreren Monaten verstreichen. Selbst bei begehrten Immobilien geht es in der Regel für den Verkäufer weniger schnell als ursprünglich erwartet. Das erleichtert Ihre Verhandlungsposition, wenn Sie liquide sind, Ihre Liquidität unmittelbar nachweisen können und Ihre Kaufbereitschaft signalisieren. Erfahrungsgemäß kann der Kaufpreis schnell um 10 bis 15% sinken, wenn Sie „sofort“ kaufen.

Vorher sollten Sie durch **fachliche Gutachten den Wert des Hauses einschätzen** lassen und damit den Kaufpreis gegebenenfalls senken. Dabei gibt es zahlreiche unterschiedliche Standards. Im Internet finden Sie verschiedene Gutachten. Besonders wichtig ist allerdings der Unterschied zwischen sogenannten Sachgutachten und Wertgutachten. Die erstgenannten Gutachten bilden die sachliche Qualität und Werthaltigkeit des Objekts meistens relativ gut ab. So kann aus dem hübschen Bächlein im Garten zu anderen Jahreszeiten schnell ein reißendes Gewässer mit entsprechenden Problemen für den Keller werden. Das Heizungssystem kann zwar vollkommen intakt sein, aber gleichzeitig ist eventuell die Wartung nicht sichergestellt, weil es vor Ort keinen entsprechenden Monteur gibt. Mindestens ebenso wichtig ist aber das Wertgutachten. Hier geht es um den möglichen Marktwert vor Ort. Diese Kennziffer kann zwar nicht bis auf die Kommastelle genau sein, wird jedoch zumindest einen Anhaltspunkt liefern.

Sofern Sie einen Wertgutachter selbst beauftragen, müssen Sie diese dem Verkäufer nicht mitteilen. So ist sichergestellt, dass der Marktwert nur dann eine Rolle spielt, wenn Sie das im Verkaufsgespräch wünschen.

Selbstgenutzte Immobilie bei Langfristvorsorge vorteilhaft

Schließlich bieten sich Immobilien bei der Selbstversorgung allerdings vor allem dann an, wenn Sie noch langfristig vorsorgen wollen oder müssen. Wer sich dann rechtzeitig um die Nutzung der Immobilie kümmert, hat die wohl solideste Anlageform.

So haben Sie die Möglichkeit, die Immobilie über eine Leibrente abzugeben. Das heißt, der Erwerber zahlt bis zum Lebensende ein bestimmtes Nutzungsentgelt. Diese Leibrente können Sie auch in eine Zeitrente umwandeln, also bis zu einem bestimmten Zeitpunkt vereinbaren. So lässt sich der wiederkehrende Ertrag erhöhen. Sollten Sie eine Leibrente erwägen, lassen Sie sich von Ihrem Steuerberater das geeignete Modell vorschlagen. Denn die Leibrente ist mit dem sogenannten Ertragsanteil steuerpflichtig.

In einem Vorsorgemodell können Sie Immobilien jedoch auch auf andere Weise einsetzen. So lässt sich praktisch jede Immobilie verkaufen, wenn Sie dem Käufer mit dem Finanzierungsmodell entgegenkommen. Statt einer Leibrente wäre es beispielsweise möglich, mit Käufern eine Art Ratenkauf zu vereinbaren, bei der das Nutzungsrecht an der Immobilie auf den Erwerber übergeht, Sie aber Eigentümer bleiben. Auch hier sollten Sie mit dem Steuerberater über die genaue Gestalt des Modells sprechen.

Fazit: Selbst genutzte Immobilien sind in aller Regel für die meisten privaten Haushalte eine gute, sehr gute und eventuell ideale Anlageform. Dabei geht es nicht um hohe Preissteigerungsraten, sondern um die gesamte ökonomische Wertschöpfung inklusive gesparter Mieten. Gegenüber möglichen Gebühren- und Steuersteigerungen sind Immobilieneigentümer kaum weniger geschützt als Mieter.
Andere Anlageformen in Immobilien sind zumeist deutlich weniger rentabel.

7. Vermieter: Im Würgegriff des Staates

Es gibt auch in Deutschland zahlreiche Vermieter, die erfolgreich und rentabel vermieten können. Sollten Sie dazu zählen, überlesen Sie die folgenden Anmerkungen einfach. Sollten Sie jedoch darüber nachdenken, Vermieter zu werden, müssen Sie wissen, dass die künftige Rendite unsicher ist. Viele Vermieter scheuen sich, staatliche Zusatzkosten auf ihre bisherigen Mietparteien umzulegen. Daneben gibt es zahlreiche Nebenkostenarten, die Sie als Vermieter ohnehin nicht auf die Mieter umlegen dürfen: Dies sind etwa „Kosten des Geldverkehrs", Verwalterkosten, Instandhaltungskosten, soweit diese nicht Wartungsarbeiten entsprechen, Instandsetzungskosten, viele Abrechnungskosten an sich etc.

Da viele Vermieter aber auch Leerstand befürchten müssen, setzen sie Kostensteigerungen nur relativ langsam durch. Die Mietpreise steigen zwar weiter, geben aber nicht unbedingt den Anstieg der sonstigen Kosten wider. Natürlich ist die Zahl umstritten, da etwa der Deutsche Mieterbund davon ausgeht, dass die Mieten relativ stark steigen. Dennoch: Der Neubau oder die Bestandsübernahme sind wesentlich teurer gewesen, als der daraus teilweise entstehende Mietpreisanstieg.

Deshalb wird es für manche Vermieter immer schwierig sein, die entstehenden Mehrkosten auf Mieter umzulegen. Vermieter müssen zudem den Leerstand mitkalkulieren. Das heißt, wenn Sie als Vermieter beispielsweise 10% Leerstandszeit auffangen wollten, müssten Sie die Miete um 10% erhöhen – was der Wert der Wohneinheit möglicherweise nicht hergibt. Dies kann in manchen Situationen schwierig sein, etwa dann, wenn die Nachfrage nicht groß genug ist.

Als Vermieter müssen Sie also damit rechnen, dass sowohl der Staat mit seinen immer weiter ausholenden Mietschutzgesetzen, mit seinen Steuer- und Rechtsvorschriften wie auch der Markt als Renditegegner auftritt. Dass Vermieter automatisch Gewinne erzielen, ist ein Märchen von Mietrechtsorganisationen oder anderen Lobbygruppen. Bedenken Sie dies, wenn es um Renditeanlagen in Immobilien geht.

8. Weitere Formen der Kapitalanlage in Immobilien

Neben dem Kauf von Immobilien für die eigene Nutzung oder für die Vermietung gibt es weitere Anlageformen, die viele private Investoren wählen. Dies sind Investitionen in Form von GbRs, um gemeinsam mit anderen Wohneigentum zu erwerben, als offene oder als geschlossene Immobilienfonds sowie als Immobilienaktien. Dies sind die wichtigsten Investitionsmöglichkeiten, die wir uns im Folgenden ansehen.

GbRs: Streit inklusive

GbRs, also Gesellschaften bürgerlichen Rechts, finden sich häufig in Eigentümergesellschaften. So können mögliche Interessenten ohne immense Kaufkraft größere Wohneinheiten erwerben und gegebenenfalls Eigenbedarf geltend machen, um schnell Häuser zu übernehmen. Solche GbRs sind weitgehend formlos zu gründen.

Daraus resultiert häufig Streit. GbRs müssen über die euphorische Anfangszeit hinweg an einem Strang ziehen. Ob dies über Jahre gelingt, bei unterschiedlichen familiären oder finanziellen Entwicklungen und Anforderungen, ist fraglich. GbRs, die sich dann rasch auflösen, hinterlassen teuren Klärungsbedarf. So verkaufen GbRs im Zweifel die jeweilige Immobilie möglichst schnell und zu entsprechend niedrigem Preis. Verlustgeschäfte sind vorprogrammiert. In vielen Fällen dürften GbRs keine sinnvolle Alternative für Sie darstellen.

Offene Immobilienfonds: fraglich

Wir gehen an anderer Stelle noch auf die Investitionsmöglichkeit in offenen Immobilienfonds und die steuerlichen Auswirkungen ein. Hier geht es um die Anlageform an sich. Offene Immobilienfonds sammeln Gelder ein, die sie in bestimmte Objekte investieren, um durch Mietzahlungen oder Verkäufe laufend Geld zu erwirtschaften. Etwa 50 Jahre lang haben die offenen Immobilienfonds in Deutschland durchgehend Gewinne erzielt, jedenfalls die normalen sowie die guten Fondsgesellschaften. Erträge von 2 bis 4% waren für private Investoren an der Tagesordnung. Diese Zeiten sind vorbei, auch wenn es zuletzt bei einigen Fonds wieder Erfolgsmeldungen gab.

Vor wenigen Jahren zeigte sich die Schwachstelle offener Immobilienfonds. Investoren waren berechtigt, zu jedem Zeitpunkt ihre Anteile bei der Fondsgesellschaft zurückzugeben und eine Auszahlung zu verlangen. Dies ging über Jahrzehnte gut, überforderte nunmehr allerdings das verwaltete Vermögen der Gesellschaften. Reichten die Kassenbestände nicht mehr aus, um die Anteile zurückzukaufen, mussten sie Immobilien veräußern, um zahlungsfähig zu bleiben. Dies drückte erwartungsgemäß die Preise für Immobilien und verstärkte die Investorensorgen bei offenen Immobilienfonds. Die Finanzkrise sorgte schließlich dafür, dass mehr als ein Dutzend offener Immobilienfonds letztlich abgewickelt werden mussten.

Das heißt, die Fondsgesellschaften verkauften die zur Verfügung stehenden Immobilien unter Zeitdruck und mit Verlust. Das erwirtschaftete Geld wurde den Anlegern nach und nach zur Verfügung gestellt. Für alle Seiten ein Verlustgeschäft, das der Gesetzgeber stoppen wollte. Damit werden offene Immobilienfonds für Sie jedoch nicht unbedingt weniger riskant. Die neuen Regeln verhindern, dass Sie Anteile so schnell liquidieren können, wie Sie es möglicherweise möchten.

1. Neue Investoren dürfen ihre Fondsanteile erst nach zwei Jahren wieder veräußern.
2. Wer die Anteile verkaufen möchte, muss dies ein Jahr vor dem Verkauf an die Fondsgesellschaft bekanntgeben.
3. Lediglich die Investoren, die bereits vor den neuen gesetzlichen Regelungen investiert waren, sind davon nicht ganz betroffen.

Sie haben aktuell die Auswahl zwischen etwa einem Dutzend offener Immobilienfonds. Einige Fondsgesellschaften wollen die bereits verbrannten Fonds neu herausgeben.

Möglicherweise wird sich eine ähnliche Krise wie in den vergangenen Jahren nicht so schnell wiederholen. Vielleicht schaffen die Fonds wieder Renditen von bis zu 3% jährlich. Aber: Darauf können Sie sich nicht verlassen. Die Krise hat gezeigt, dass ein Run auf die Fondsanteile deren Wert durch frühzeitige Verkäufe in den Keller schicken wird. Die Bremsen, die der Gesetzgeber jetzt eingebaut hat, verlangsamen den Prozess lediglich. Fonds mit hohen Investitionsvolumina werden auch künftig in vergleichbaren Situationen keine ausgezeichneten Verkaufserfolge erzielen können, um die auszuzahlenden Anteile schnell wieder verkaufen zu können.

Mein Standpunkt: Deshalb empfehle ich mittel- und langfristig, offene Immobilienfonds im besten Fall als Ergänzung im Depot zu halten. Wenn Sie mehr Anteile abgeben wollen, als Sie an die Fondsgesellschaft abgeben dürfen, müssen Sie Ihr Glück an den Börsen versuchen. So bietet die Fondsbörse Hamburg den Handel an.

Die Internet-Adresse: *www.boersenag.de*

Geschlossene Immobilienfonds: zu riskant

Auch geschlossene Immobilienfonds können Sie prinzipiell über die Fondsbörsen handeln. Hierbei handelt es sich um die Anteile an einem „geschlossenen" Unternehmen, das zumeist in ein einzelnes Objekt investiert. Daraus ergeben sich theoretisch Vor- und Nachteile. Als Mitunternehmer dürfen Sie anfangs hohe Kosten geltend machen, um am

Ende Gewinne zu erwirtschaften. Dies war das Versprechen der Branche und gleichzeitig die Hoffnung vieler privater Investoren. Die Realität ist ernüchternd. Zum einen können Sie die Anteile an geschlossenen Fonds über die Börsen faktisch kaum handeln, da die Nachfrage äußerst gering ist.

Zum anderen sind die Gewinnerwartungen so gut wie nie erfüllt worden. Von allen geschlossenen Immobilienfonds überhaupt haben lediglich 43% einen Gewinn erzielt. 57% erzielten über die gesamte oder bisherige Laufzeit insgesamt einen Verlust. Dies zeigte vor Kurzem eine Untersuchung der Stiftung Warentest. Danach haben von den inzwischen aufgelösten Immobilienfonds, bezogen auf das in ihnen versammelte Investorenvermögen, nur gut 14% ihre Prognose übertroffen oder zumindest erreicht. Das heißt, gut 85% enttäuschten die Anleger.

Noch schlimmer ist das Verlustverhältnis bei anderen geschlossenen Fonds: Medienfonds haben fast durchgehend Geld verbrannt. 2 von 27 Fonds schafften es in die Gewinnzone. Sogenannte Umweltfonds haben ebenfalls viel Geld einfach vernichtet. Schiffsbeteiligungen schließlich rechneten sich ebenso wenig. Eingezahlt wurden in Deutschland nahezu 7 Mrd. €. Annähernd 2,9 Mrd. € davon sind auf Nimmerwiedersehen verschwunden. Statt der versprochenen Gewinne also haben geschlossene Fonds weitgehende Verluste produziert. Investoren mussten sogar darum fürchten, dass die jeweiligen Finanzämter die Geschäftstätigkeit als private Liebhaberei ohne Gewinnaussicht einstufen und damit sogar noch die steuerliche Anerkennung verweigerten.

Inzwischen hat der Gesetzgeber zwar strengere Vorschriften für geschlossene Fonds beschlossen, dennoch sind die Gewinnaussichten kaum besser als bislang. Oft sind die Kosten noch zu hoch, zudem bleibt das unternehmerische Risiko.

Deshalb sind solche Investitionen mit höchster Vorsicht zu genießen. Geschlossene Immobilienfonds sollten, wenn möglich, in privaten Depots nicht auftauchen.

Praxis-Tipp:

Vor dem Immobilienkauf: So müssen Ihre Finanzen aussehen

Die meisten Dinge im Leben können Sie einfach so kaufen. Das gilt nicht für eine Immobilie. Hier hängt der Erfolg ganz klar auch von der guten Vorbereitung ab. Erhalten Sie hier jetzt Tipps, wie Sie Ihre Finanzen am besten schon vor dem geplanten Kauf einer Immobilie ordnen.

Gehen wir doch einfach davon aus, Sie planen in 6 Monaten eine Immobilie zu kaufen. Dann möchten Sie natürlich jetzt schon wissen, wie es losgehen sollte. In den allermeisten Fällen benötigen Sie für den Kauf der Immobilie eine eigene Immobilienfinanzierung.

Doch bevor Sie von der Bank überhaupt Kapital zu Verfügung gestellt bekommen, müssen Sie sich dazu auch in der Lage fühlen. Und dieses gute Gefühl bekommen Sie nur, wenn Sie auch wissen, wie es um ihre Finanzen steht.

Wichtig ist dabei die Orientierung an den Anforderungen der Bank. Nur wenn Sie wissen, was die Bank von ihnen verlangt, können Sie das auch liefern und so die Chance schnell erhöhen, eine gute Finanzierung auf die Beine zu stellen. Im Grunde ist es ganz einfach: Die Bank beurteilt ihre persönliche Bonität.

An dieser Stelle ist es erst einmal noch nicht relevant, welches Objekt Sie kaufen wollen. Einzig und allein Sie als Person und ihr finanzieller Background stehen hier im Fokus der Bank. Wie ermittelt die Bank nun ihre Bonität?

Dafür sind 2 Kriterien ganz entscheidend:
1. Ihre Haushaltsrechnung
2. Ihre Vermögens-Situation

Zusätzlich prüft die Bank noch ergänzend die Daten von der SCHUFA oder ähnlichen Auskunfteien. Nicht zu verachten ist auch die eigene Kontoführung – falls Sie schon Kunde bei der Bank sind. Auch dieser Aspekt spielt bei der Vergabe von Krediten eine Rolle.

Aus allen diesen Faktoren formt die Bank ihre persönliche Bonität. Im Endeffekt erhalten Sie eine Art Schulnote auf Basis der bankeninternen Berechnungen. Wichtig für Sie zu wissen: Diese Bonität ist sehr fest im Computersystem der Bank verankert, Aktualisierungen finden nur noch gelegentlich statt. Dies passiert natürlich hauptsächlich dann, wenn neue Erkenntnisse vorliegen. Ganz wichtig für die Praxis: Diese Veränderung können

Sie zwar ihrem Bankberater mitteilen, doch das Eintragen dieser Veränderungen erfolgt durch eine unabhängige Instanz innerhalb der Bank.

Ihr Ziel bei der Bonitätsprüfung ist ganz klar: Sie sollten auf jeden Fall versuchen, ein bestmögliches Bank-Rating zu bekommen. Und genau hier spielt die Zeit auch eine große Rolle. Oft benötigt die Bank einige Monate Zeit, um die Prüfungen durchzuführen und ein endgültiges Rating zu vergeben. Daher sollten Sie als möglicher Investor schon frühestmöglich damit beginnen, den Kontakt zur Bank zu suchen. In der Praxis haben sich 6 Monate Vorlauf vor einem Kauf als gute Zeitspanne erwiesen.

Doch nun konkret zu den Anforderungen. Als Erstes maßgeblich ist hier die **Haushaltsrechnung auf Monatsbasis**. Vereinfacht ist dies eine den allgemeinen Bankkriterien entsprechen Aufstellung ihrer Nettoeinnahmen und Ausgaben.

Wichtig für die Bank: Wenn am Ende bei Ihrer Aufstellung herauskommt, dass die Einnahmen größer sind als die Ausgaben, ist das schon mal ein positiver Aspekt. Das Ergebnis dieser Rechnung ist der Ihnen monatlich frei zur Verfügung stehende Betrag. Und wenn das Ergebnis kleiner als Null ist, kann ich nur an Sie appellieren, diesen Zustand möglichst schnell zu ändern.

Bei der **Vermögensübersicht** interessiert die Bank, was Sie heute unter dem Strich als Vermögenswerte besitzen. Auch hier gibt es natürlich eine positive Seite mit den Vermögensgegenständen. Das sind im einzelnen Bargeld und Tagesgeld, aber auch Edelmetalle oder Wertpapiere. Auch bislang schon bestehende Immobilien gehören in diese Aufstellung mit hinein.

Auf der anderen Seite stellen Sie Verbindlichkeiten auf. Das wären Kreditschulden für Auto oder andere Konsumgüter. Wichtig ist hier, dass Sie immer den aktuellen Darlehensstand eintragen. Und auch hier geht es wieder darum, eine Differenz zu bilden – dieses Mal lautet die Rechnung: Vermögen minus Schulden.

Sie können sich vorstellen, dass auch dieser Wert extrem wichtig für die Bank ist – und vor allen Dingen auch die Frage, wie er sich zusammensetzt. Wenn hier ein negativer Wert auftaucht, bedeutet das vor allen Dingen eins: Sie sind überschuldet.

Mein Standpunkt: Wenn Sie den Kauf einer Immobilie planen, sollten Sie vorher Ihre eigenen Finanzen in Ordnung bringen. Das können Sie recht einfach mit der Haushaltsrechnung und Vermögensübersicht. Falls sich hier schon negative Werte bei Ihrer Berechnung ergeben, müssen Sie erst einmal ihre Hausaufgaben machen, bevor ein Immobilienkauf überhaupt sinnvoll ist.

Sollten Sie jedoch bei beiden Berechnungen hohe positive Werte ausweisen und vor allem keine Schulden haben, verbessert das Ihre Ausgangslage bei einer Finanzierung deutlich.

Kapitel 4:
Bausteine für Ihren Vermögensschutz: Edelmetalle

Absicherung mit Edelmetallen: So setzen Sie diese Strategie um

Lange Zeit führten die Edelmetalle ein Schattendasein – doch spätestens seit 2001 hat sich das geändert. Damals begann der langfristige Aufwärtstrend bei Gold und Silber. Vom Tief bei rund 250 Dollar pro Unze ging es in der Spitze auf bis zu 1.900 Dollar nach oben.

Aber dennoch steht auch heute noch den Goldfans die starke Gruppe der Goldkritiker gegenüber. Ich nehme dabei eine mittlere Position ein: Ich halte Gold als Absicherung in einem breit aufgestellten Depot für unverzichtbar. Gleichzeitig warne ich aber auch vor einer zu großen Gewichtung von Edelmetallen. Die Entwicklung seit 2011 hat gezeigt: Auch bei Gold und Silber geht es nicht immer nach oben. Das Risiko für Rückschläge ist gegeben. Daher sind Anteile von 60 bis 80%, wie sie von einigen Edelmetallexperten gegeben werden, meiner Ansicht nach fahrlässig. Bei solchen Gewichtungen ist ein ausgewogenes Risikomanagement nicht gewährleistet.

Physisches Edelmetall ist als Grundabsicherung für Sie unverzichtbar

Aber vor allem ist Gold auch ein emotionales Investment, wie es sonst kaum eines gibt. Der glühenden Verehrung der

Fans steht die totale Ablehnung anderer Investoren gegenüber. Viele Goldfans sehen das Edelmetall als einzige Rettung vor dem bevorstehenden Crash an. Doch diese Sicht der Dinge bringt unnötig Emotionen mit ins Spiel. Und Emotionen sind auch bei der Geldanlage oft kein guter Ratgeber. Im Goldpreis ist auch immer viel Spekulation mit enthalten. Stellen Sie sich doch einfach nur einmal die Frage: Was ist eine Unze Gold wirklich wert?

Sie werden sehen, wie schwer eine Antwort darauf zu finden ist.

An dieser Stelle soll es nun darum gehen, wie Sie am besten in Edelmetalle investieren. Dabei liegt der Schwerpunkt auf der physischen Form.

Richtig in Gold und Silber investieren

Im asiatischen Kulturraum zählen Edelmetalle zu den wichtigsten Geldanlagen. Auch bei uns in Europa war es bis in die 1970er-Jahre hinein üblich, einen Teil seines Vermögens in Edelmetallen angelegt zu haben. Es galt über Jahrzehnte hin als Faustregel, etwa 10% seines Vermögens in Gold und Silber angelegt zu halten. Drohten besondere Krisen, konnte es sogar sinnvoll sein, den Edelmetallanteil kurzfristig zu erhöhen und ihn nach der Krise auf ein Normalmaß zu reduzieren.

An dieser historisch bewährten Maxime sollten Sie auch heute festhalten – vor allem, wo große Krisen vor uns liegen. Und gerade in großen Krisen haben Gold und Silber ihre schützende Funktion eindrucksvoll unter Beweis gestellt. Nun bietet die Vergangenheit keine Gewähr für die

Zukunft, doch gibt es viele gute Gründe, warum die Edelmetalle auch in den zukünftigen Krisen ihre Schutzfunktion bewahren werden. Der wichtigste Grund ist ihre physische Existenz und damit der fehlende Forderungscharakter.

Um als langfristig orientierter Investor von den attraktiven Chancen der Edelmetalle profitieren zu können, bieten sich verschiedene Wege an. Aber nicht alle Wege sind gleich gut und auch wirklich für eine Krisenabsicherung geeignet. Ich gehe sogar noch weiter: Einige Wege enthalten so viele Gefahren, dass sie mit Blick auf die Risikominimierung gar nicht erst beschritten werden sollten.

Die solide Basis: physisches Gold und Silber

An physischen Edelmetallen führt als Basisanlage zur Absicherung kein Weg vorbei. Als Basisinvestment ist physisches Gold und Silber im eigenen Besitz, zum Beispiel in Form von Barren und Münzen, völlig ausreichend. Der Besitz von physischem Gold und Silber bietet Ihnen Vorteile, die andere Anlageformen gar nicht bieten können. Der wichtigste Vorteil einer Goldmünze oder eines Silberbarrens ist die physische Existenz.

Der Barren ist da, er ist vollständig bezahlt und er ist in Ihrem Besitz. Niemand außer Ihnen hat auf den Barren Zugriff und Sie sind im Gegenzug niemanden etwas schuldig. Mit anderen Worten: Physisches Gold und Silber haben keinen Forderungscharakter. Sie können diesen Aspekt kaum hoch genug einschätzen, denn nahezu alle Kapitalanlagen – mit Ausnahme der physischen Rohstoffe – haben einen Forderungscharakter.

Als Vermieter einer Immobilie haben Sie eine Mietforderung an Ihren Mieter, als Besitzer eines festverzinslichen Wertpapiers eine Zinsforderung gegen den Schuldner und als Aktionär eine Forderung auf Beteiligung am Unternehmensgewinn (Dividende) gegenüber dem Unternehmen.

Sie sehen: Unser Wirtschaftssystem besteht aus einer Fülle von Forderungen. Eine Forderung gegenüber einem Dritten zu besitzen, ist an sich weder gut noch schlecht. Sie sollten dabei nur berücksichtigen, dass Forderungen ausfallen können. Ein Mieter kann zahlungsunfähig oder eine Anleihe notleidend werden, und ein Unternehmen kann Insolvenz anmelden.

Da wir alle in einer Kette von Forderungen stehen, ist es sinnvoll, wenigstens einen Teil seines Vermögens in einem Bereich angelegt zu haben, der keinerlei Forderungscharakter trägt. Die meisten Investoren denken hier primär an das Gold. Doch auch Silber bietet Ihnen dank seiner industriellen Nutzung und der sich abzeichnenden Knappheit einen starken Schutz.

Wichtig: Halten Sie die Edelmetalle in Ihrem Besitz

Deshalb sind physisches Gold und Silber als Basisanlage für Sie geeignet. Halten Sie die Edelmetalle aber selbst. Sie sollten nicht nur der Eigentümer, sondern auch der Besitzer der Edelmetalle sein. Über Edelmetalle im eigenen Besitz kann jederzeit verfügt werden, auch an Sonn- und Feiertagen.

Deshalb mein Ratschlag: Kaufen Sie für Ihre persönliche Absicherung physisches Gold und Silber, halten Sie es in Ihrem persönlichen Besitz, sodass Sie jederzeit ohne

Schwierigkeiten darauf zugreifen können. Darüber hinaus sollten Sie die günstigen Rohstofftrends nutzen.

So erwerben Sie physische Edelmetalle richtig

Zunächst einmal sollten Sie folgenden Ratschlag beherzigen: Zahlen Sie keine Sammleraufschläge. Orientieren Sie sich am reinen Metallwert. Für eine Kapitalanlage in Edelmetallen sind reine Sammlermünzen deshalb ungeeignet. Den Preis, den Sie hier im Ankauf bezahlen, liegt weit über dem Metallwert. Sie benötigen hohe Preissteigerungen, nur um die überzogene Spanne aufzuholen.

Auf den Feingehalt kommt es an

Daher gilt auch für Edelmetallkäufe der reine Metallpreis. Dieser hängt einzig und allein vom Feingehalt ab. Er wird in 1.000stel Anteil angegeben. Das sogenannte Sterling-Silber weist zum Beispiel einen Feingehalt von 925 auf. Das heißt: Auf ein Kilogramm kommen 925 Gramm Feinsilber und 75 Gramm Fremdbestandteile. Achten Sie also beim Edelmetallkauf auf den Feingehalt. Nicht immer wird er auf Barren oder Münzen angegeben. Kaufen Sie deshalb nur Edelmetalle, deren Feingehalt auf dem Metall angegeben ist.

Immer wieder interessant sind auch Münzserien, wie die modernen deutschen 10-Euro-Silbermünzen oder auch historische 1-Mark-Münzen aus dem Kaiserreich. Der Vorteil dieser Münzserien: Sie haben strikt festgelegt Maße und Gewichte. Diese Spezifikationen und auch die aktuellen Preise finden Sie in Münzkatalogen oder der entsprechenden Fachliteratur.

Bank oder Edelmetallhandel: Wo kaufen Sie am besten?

Wenn Sie Edelmetalle bei Banken oder Edelmetallhändlern kaufen, machen Sie auf jeden Fall schon einmal alles richtig. Auf diesem Weg sind Sie vor Fälschungen sicher. Daher sollten Sie andere Quellen wie Internetauktionshäuser wie z. B. eBay für den Edelmetallkauf nicht einsetzen. Zudem liegen die Preise dort über dem aktuellen Marktniveau. Viele Edelmetallhändler passen auch die Preise täglich an. Bei schnellen Preisbewegungen können Sie hier direkt profitieren.

Banken waren einmal eine bevorzugte Adresse für den Edelmetallhandel. Doch das ist nicht mehr so. Dieser Geschäftszweig ist in den Hintergrund getreten und wird von vielen Banken zwar noch angeboten – aber mit Nachteilen für den Kunden. Dazu gehören lange Lieferfristen und hohe Kosten. Kurzum: Bevorzugen Sie Edelmetallhändler. Dort können Sie entweder in ein Ladenlokal in Ihrer Nähe gehen – mittlerweile haben immer mehr Händler auch Zweigstellen in ganz Deutschland eröffnet.

Oder Sie nutzen die bequemen Onlineshops oder setzen auf die persönliche Beratung am Telefon – auch das ist möglich. Hier erhalten Sie dann Tagespreise, die sich relativ nahe am Marktpreis orientieren. Eine Übersicht einiger Edelmetallhändler finden Sie am Ende des Kapitels.

Achten Sie auch auf die richtige Stückelung

Welche Stückelung Sie bevorzugen sollten, hängt von verschiedenen Faktoren ab, die sowohl den An- als auch Ihren späteren Verkauf betreffen. Beim Kauf ist für Sie entscheidend, ob Sie für kleinere Stückelungen Aufpreise bezahlen müssen und wenn ja, wie hoch diese sind.

Bei Banken sind insbesondere die kleinen Stückelungen verhältnismäßig teuer. Hier gilt die Faustregel: Je höher das Gewicht, desto näher orientiert sich der Preis am aktuellen Preis beim Londoner Fixing. Leider ist es so, dass auch der Edelmetallhandel kleinere Stückelungen oft nur mit einem Aufpreis verkauft. Einzelne Händler verzichten jedoch auf diese Aufschläge und orientieren sich ausschließlich an den Größen: Feingehalt, Gewicht und dem aktuellen Fixing-Preis in London. Nach solchen Händlern sollten Sie suchen, weil sich hier für Sie der Kauf auch kleinerer Gewichtsgrößen lohnt. Sie können sich dann selbst einen eigenen Edelmetallsparplan zusammenstellen und monatlich einen festgelegten Anteil kaufen. Gängige Größen sind hier ein Kilogramm Silber und eine Feinunze Gold.

Steht Ihnen ein solcher Händler nicht zur Verfügung, sollten Sie sich für die größeren Barren und auch gängige Anlagemünzen (im Fachjargon auch Bullion-Coins genannt) entscheiden. Gängige Goldmünzen sind beispielsweise der Maple Leaf (Kanada), Nugget (Australien), Krügerrand (Südafrika) oder auch der Wiener Philharmoniker (Österreich).

Große Barren beginnen im Goldbereich ab 100 Gramm aufwärts. Beim Silber zählen Barren über 500 Gramm zu den großen Barren. Das Angebot reicht hier sogar bis zu 1.000 Unzen, was 31,1 Kilo entspricht. Im Unzen-Bereich sind beim Silber bekannte Münzen der Maple Leaf (Kanada), der American Eagle (USA) und seit 2007 auch der Wiener Philharmoniker (Österreich).

Im Edelmetallhandel spricht man von sogenannter bankfähiger Ware. Diese Münzen beziehungsweise Stückelungen zeichnen sich dadurch aus, dass sie weltweit problemlos identifiziert und bewertet werden können. Das allein ermöglicht Ihnen jederzeit einen Verkauf zu fairen Konditionen. Im Gegensatz dazu sind privat geprägte Silber- und Goldmünzen ohne Angabe des Feingehalts nur schwer zu bewerten und werden daher im Zweifelsfall nicht angenommen.

Das müssen Sie zur Lagerung von Edelmetallen wissen

Grundsätzlich stellt sich bei der Lagerung der Edelmetalle die Frage: Schließfach oder heimischer Tresor? Für die Einrichtung eines Bankschließfaches werden in der Regel Gebühren fällig. Diese zusätzlichen Kosten von zirka 40 € können Sie sich sparen, wenn Sie zu den 75% der Deutschen gehören, die über einen Tresor verfügen. In einer Hausratversicherung sind im Haus gelagerte Wertsachen, auch Edelmetalle bis zu einer bestimmten Höhe mitversichert. Die konkrete Höhe entnehmen Sie bitte Ihrer Versicherungspolice.

Reicht die versicherte Summe in der Höhe nicht aus, ist der Versicherungsschutz anzupassen. Silberbesitzer können mit geringen Zusatzkosten ihre Police an die neue Situation anpassen. Sie fahren mit dieser Variante in der Regel günstiger als mit einem Bankschließfach. Ein vielfach gegen den physischen Erwerb von Edelmetallen angeführtes Argument verliert damit für die meisten Gold- und Silberbesitzer seinen Schrecken.

Eine Auswahl an Bezugsquellen für physische Edelmetalle in Deutschland:

Pro aurum GmbH & Co. KG
Joseph Wild-Str. 12
81829 München
Tel. 089 – 444 584-0
www.proaurum.de

Weitere Standorte hat pro aurum noch in Berlin, Bad Homburg, Dresden, Düsseldorf, Hamburg und Stuttgart. In Österreich kommt noch Wien mit hinzu. In der Schweiz ist pro aurum in Zürich und Lugano vertreten.

Degussa Goldhandel
Promenadeplatz 12
80333 München
Telefon: 069 – 860068 200
Online-Shop: www.degussa-goldhandel.de
E-Mail: shop@degussa-goldhandel.de

Zusätzlich zum Online-Handel gibt es noch Zweigstellen in Berlin, Hamburg, Köln, Stuttgart, München und Frankfurt.

Tipps zum Goldkauf

Lassen Sie sich nie von Ängsten leiten

Das Investment in Gold ist eine Spekulation, die insbesondere von Inflationssorgen getrieben wird. Denn Gold gilt vor allem bei denjenigen Anlegern als sicherer Hafen, die einen Kaufkraftverlust ihrer Ersparnisse befürchten. Dabei unterliegt das Edelmetall – ebenso wie alle anderen Rohstoffe – den Gesetzen von Angebot und Nachfrage. Verbrauchende Abnehmer wie etwa Industrieunternehmen gibt es kaum. Stattdessen ist der Markt geprägt von der Nachfrage nach Goldschmuck vor allem in Ländern wie Indien und China.

Gerade in der Finanzkrise haben viele Anleger Gold gekauft, um sich gegen den befürchteten Kaufkraftverlust von Papiergeld abzusichern. Da ein enger Zusammenhang mit der Inflationserwartung besteht, war der Goldpreis zuvor angesichts der Niedrigzinspolitik stark gestiegen.

Des Weiteren besteht ein Währungsrisiko, da Gold traditionell in Dollar notiert wird. Zudem werfen Goldanlagen keine Rendite ab.

Wo Sie Gold erwerben können

Wer Edelmetalle kaufen will, sollte das nur bei hiesigen Anbietern tun, deren Seriosität zweifelsfrei feststeht. Sie liefern Ihnen Produkte mit Echtheitszertifikat und verschicken ihre Sendungen zudem nur versichert. Beachten Sie: Transparenz und Sicherheit sind wichtige Kriterien für den Kauf.

Wer unbedingt einen Goldbarren oder Münzen in seinen Tresor oder sein Bankschließfach legen möchte, sollte es am besten bei einem der großen Edelmetallhändler kaufen. Die Zeitschrift „Euro am Sonntag“ hatte vor einiger Zeit in einer größeren Studie Anbieter in Deutschland testen lassen. Es wurden Käufe abgewickelt, Umfragen verschickt sowie Angebote und Internet-Seiten durchforstet. In der Gesamtwertung haben damals Degussa, MP Edelmetalle und pro aurum am besten abgeschnitten. Via Internet können Sie sich über die An- und Verkaufspreise der Edelmetallhändler selbst informieren.

Welche zusätzlichen Kosten beim Goldkauf entstehen

Der Ankauf größerer Mengen physischen Goldes wird mit Aufschlägen zwischen 2,5 und 10% abgewickelt. Erwerben Sie kleine Barren und Münzen, sind die Aufschläge besonders hoch. So ist ein Fünf-Gramm-Barren, pro Gramm gerechnet, 4 bis 14% teurer als ein Kilo-Barren. Dazu kommt das Problem der Aufbewahrung: Ein Schließfach bei einer Bank kostet Gebühren für die Lagerung.

Als Standard gilt der Goldbarren. Er wird in unterschiedlichem Gewicht von Banken, Edelmetallscheideanstalten und auch auf Goldmärkten im Internet mit einem Reinheitsgrad von 24 Karat zum Kauf angeboten.

Goldbarren sind in vielen Gewichtsstufen erhältlich, von einem Gramm bis zu einem Kilogramm. Eine Feinunze entspricht einem Gewicht von 31,1 g. Wollen Sie größere Summen anlegen, sind Barren ab 100 oder 250 g eine gute Wahl. Nicht zu vergessen: Je größer der Barren, desto geringer ist die Spanne zwischen Brief- und Geldkurs beim Verkauf.

Wollen Sie dagegen Gold als Sicherheitssockel nutzen, setzen Sie lieber auf 24-karätige, standardisierte Münzen. Deren Preise orientieren sich am reinen Goldwert, der aktuell starken Schwankungen ausgesetzt ist. Münzen haben den Vorteil einer gewissen Fälschungssicherheit und sind gut als Zahlungsmittel nutzbar. Aufgrund ihres eher geringen Wertes sind hier die Aufschläge auf den Metallwert aber vergleichsweise hoch.

Steuerliche Aspekte

Goldbarren, -schmuck und -münzen sind physische Wertgegenstände und bringen keine Zinsen. Folglich fällt auch keine Einkommensteuer an. Gewinne aus dem Verkauf von Edelmetallen wie Gold sind frei von der Abgeltungsteuer.

Wird Gold nach der Spekulationsfrist von einem Jahr mit Gewinn verkauft, unterliegt der Gewinn aus diesem privaten Veräußerungsgeschäft nicht der Einkommensteuer. Wird hingegen innerhalb der einjährigen Spekulationsfrist die „Hardware Gold“ mit Gewinn verkauft, unterliegt der Gewinn nicht der Abgeltungsteuer von 25%, sondern dem normalen persönlichen Steuersatz (Grenzsteuersatz, also dem, was jeder verdiente Euro zusätzlich an Steuern kostet). Der Kauf und Verkauf von Goldmünzen oder Goldbarren ist umsatzsteuerfrei, sofern die Münzen bzw. Barren als Anlagegold im Sinne des § 25 c Abs. 2 UStG zu qualifizieren sind. Das gilt zum einen für Goldbarren, also Gold in Barren- oder Plättchenform mit einem von den Goldmärkten akzeptierten Gewicht und einem Feingehalt von mindestens 995 Tausendstel, sowie zum anderen für Goldmünzen, die einen Feingehalt von mindestens 900 Tausendstel aufweisen, nach dem Jahr 1800 geprägt wurden, in ihrem Ursprungsland gesetzliches Zahlungsmittel sind oder waren und üblicherweise zu einem Preis verkauft werden, der den Offenmarktwert ihres Goldgehalts um nicht mehr als 80% übersteigt. In der Regel sind die Kriterien für eine Umsatzsteuerbefreiung im Handel erfüllt.

Goldrechner zur Ermittlung des Goldpreises
Mit Goldrechnern im Internet können Sie den Materialwert von Goldschmuck, Zahngold, Goldbarren oder Goldmünzen anhand des aktuellen Goldpreises bestimmen. Berücksichtigt werden dabei das Gewicht, die Art der Legierung und der Goldkurs je Feinunze. Im Internet finden Sie zudem diverse Angebote, die den Preisverlauf nachzeichnen. Achten Sie immer darauf, ob er in Dollar oder in Euro angegeben ist – der Unterschied kann erheblich sein!

Mein Standpunkt: Edelmetalle werden immer reine Spekulationsobjekte mit unkalkulierbarer Preisentwicklung bleiben. Sie bieten Schutz vor Extremereignissen, jedoch keine Wertstabilität. Investitionen in Gold sind auch deshalb unkalkulierbar, weil Gold keine volkswirtschaftliche Relevanz hat. Beim Gold gibt es nie einen fairen Preis.

Ein Investment in ein Edelmetall wie Gold bringt keine Zinserträge. Ein Goldanleger ist allein auf den Kursgewinn angewiesen. Weil es sich um eine spekulative Anlage handelt, sollten Sie ein solches Investment eher als Ergänzung und allenfalls als Sicherheitsreserve betrachten. Für einen Vermögensaufbau mittels Sparplan sind Edelmetalle jedenfalls nicht empfehlenswert. Auch zur Altersvorsorge eignen sie sich nicht.

Kaufen Sie Gold niemals nur deshalb, weil Krisengurus den baldigen Untergang prophezeien. Niemand weiß, was die Zukunft bringt. Die Entwicklung des Goldpreises unterliegt zahlreichen Unwägbarkeiten. Lassen Sie sich daher nicht von Ängsten leiten. Gehen Sie stattdessen rational und kaufmännisch vor.

Welchen Anteil Gold am Gesamtvermögen haben sollte, muss jeder Anleger mit sich selbst ausmachen. Je nach persönlicher Neigung bewegen sich die Empfehlungen für Goldanlagen zwischen 5 und 20%. Ist bei Ihnen der Sicherheitsaspekt vorrangig, setzen Sie auf physisches Gold und nicht auf Wertpapiere, auch wenn diese mit Gold hinterlegt sind. Denn falls tatsächlich eine Krise ausbricht, müssen Sie sofort an Ihre Goldbestände herankommen können. Das gelingt Ihnen auch dann nicht, wenn sich das Gold in ausländischer Verwahrung befinden sollte.

Anlageformen, die für Gold und Silber nicht geeignet sind

Sofern es Ihnen um die Absicherung der Währung geht, eignen sich die meisten der am Markt erhältlichen Anlageformen nicht: Zertifikate, die den Preis abbilden, sind reine Schuldverschreibungen. Auch hier gilt natürlich, dass ein schwächerer Euro durch einen geringeren Verlust beim in

Dollar notierten Goldpreis abgefangen werden kann. Schuldverschreibungen wie Zertifikate allerdings gewähren Ihnen keinen Anspruch auf die Goldlieferung, wenn es ernst wird.

Im schlimmsten aller denkbaren Fälle könnte der Euro als Währung abgeschafft werden. Gold ist in einem solchen Fall möglicherweise hilfreich, Silber ebenso. Schuldverschreibungen, die auf die Währung Euro lauten, sind dies nicht. Zudem müssen Sie bei solchen Goldpreis-Zertifikaten außer beim XetraGold damit rechnen, dass auf den Gewinn sogar die Abgeltungsteuer fällig wird. Dies ist bei sogenanntem physischem Gold nach mehr als einem Jahr Haltedauer nicht der Fall.

Deshalb: Zertifikate, die den Preis abbilden, Discount- oder Hebel-Zertifikate auf den Gold- bzw. Silberpreis eignen sich für die langfristige Depotsicherung nicht. Sollten Sie solche Schuldverschreibungen im Depot haben, dann dienen diese der Preisspekulation, die in den kommenden Jahren gut gehen kann, aber nicht muss.

Goldfonds, die goldhinterlegt sind, eigenen sich auf den ersten Blick als Anlagealternative

Auf den zweiten Blick reduziert sich die Euphorie bereits. Denn Goldfonds, die mit Gold hinterlegt sind, werden meistens im Ausland aufgelegt.

Und das hat Folgen: Sollten Sie Gold als Alternative für Geld benötigen, wird es schwierig, dies im Ausland rechtzeitig zu organisieren. Zwar räumen einige Fondsgesellschaften Lieferrechte ein, dies jedoch dürfte in der Praxis schwierig werden.

So gibt es immer wieder Gerüchte, wonach gerade ausländische Fondsgesellschaften die jeweils eigenen Bestände weiter verliehen haben. Besonders schwierig dürfte die Lieferung werden, wenn in einer Krisensituation viele Kunden auf einmal ihre Goldbestände haben möchten.

Physisches Gold oftmals besser

Die Alternative zu Xetra-Gold ist dementsprechend physisches Gold. Dies sind Münzen und Barren, die sie an verschiedenen Orten lagern können. Diese Anlageform bringt Ihnen einige bedeutende Vorteile:

- Physisches Gold ist derzeit auf Wunsch und faktisch anonym, sofern Sie weniger als 15.000 € bei Händlern dafür zahlen und es anonym lagern.

- Physisches Gold, das nicht anonym gehalten wird, unterliegt nicht der normalen Abgeltungsteuer. NachAblauf von einem Jahr können Sie Gewinne steuerfrei realisieren.

- Physisches Gold ist weltweit bekannt und anerkannt. Als Zahlungsmittel funktioniert es in der Regel auch dann und dort, wenn es offiziell verboten ist.

- Auf physisches Gold haben Sie bei der richtigen Lagerung immer Zugriff, wenn Sie es benötigen.

Deshalb ist physisches Gold an sich die beste Alternative für Sie, wenn Sie langfristig investieren und dabei Ihr Vermögen absichern möchten. Dabei sind allerdings verschiedene Aspekte zu beachten.

Physisches Gold ist vergleichsweise teuer

Kein Vorteil ohne Nachteil: Weil Sie physisches Gold faktisch jederzeit einsetzen können und festen Zugriff darauf haben, ist es auch teurer. Die Gebühren unterscheiden sich von Anbieter zu Anbieter. Die Kosten hängen zudem davon ab, wie viel Geld Sie in Gold investieren.

Die fixen Kosten beim Kauf von physischem Gold belasten den Kauf weniger, wenn Sie größere Mengen erwerben. Grob kalkuliert sind die Kosten bei physischem Gold in etwa doppelt bis dreifach so hoch wie bei anderen Goldanlageformen.

Wenn Sie etwa 10.000 € investieren würden, zahlen Sie für Goldbarren bei Banken vielleicht 400 € als Gebühr, während ETCs Sie 140 € kosten. Zertifikate, die lediglich den Goldpreis widerspiegeln, würden etwas weniger als 100 € kosten.

Neben den höheren Kosten für physisches Gold spielt natürlich die Sicherheit eine herausragende Rolle. Die Sicherheit scheint bei physischem Gold oder Silber zunächst etwas geringer. Gold lässt sich nicht wie Papiergold einfach gutschreiben. Vielmehr müssen Sie das Gold in einen Tresor, in einem Schließfach bei der Bank oder bei sich zu Hause verwahren. Alternativ können Sie Gold noch an Lagerstätten beispielsweise in der Schweiz aufbewahren. Die Kostenfrage dürfte hier vergleichsweise einfach zu beantworten sein.

Goldlagerung zu Hause

Wenn Sie Gold zu Hause lagern, benötigen Sie im Idealfall eine Versicherung, die den Diebstahl versichert. Dies wiederum bedarf eines entsprechenden Tresors. Ohne Sicherung keine Versicherung. Insgesamt ist der Aufwand schon vergleichsweise hoch. Auf der anderen Seite steht, dass Sie das Gold jederzeit nutzen können und damit ohne Aufwand und zeitliche Verzögerung als direkte Währungssicherung einsetzen dürften. Tresore können allerdings schnell Tausende von Euro kosten.

Eine Alternative ist es wortwörtlich, Gold zu verstecken. Wenn Sie Gold im Garten vergraben, bleiben Einbrechern wenig Möglichkeiten. Niemand kann innerhalb der wenigen Minuten, die durchschnittlich für einen Einbruch bereitstehen, einen ganzen Garten umgraben. Wenn Sie besonders sichergehen wollen, suchen Sie sogar zwei oder noch mehr Verstecke. Die Wahrscheinlichkeit, dass ein Einbrecher einen relevanten Teil des Edelmetalls findet, ist verschwindend gering.

Goldlagerung bei der Bank: Schließfächer

Alternativ zur Eigenlagerung mieten Sie Bankschließfächer an. Die Schließfächer sind unterschiedlich teuer, aber keineswegs so hochpreisig wie ein eigener Tresor. Dafür allerdings gingen Sie mit Bankschließfächern zwei spezifische Risiken ein:

- Kommt es zu einem Banküberfall und wird das Gold geraubt, haften Sie mit Ihrem Vermögen. Es sei denn, Sie schließen eine entsprechende Versicherung auf den Inhalt des Bankschließfachs ab.
- Wenn eine Bank schließt, beispielsweise im Verlauf einer Bankenkrise oder aufgrund staatlicher Vorgaben, dann kommen Sie nicht sicher an Ihr Gold. Genau in dieser Situation könnte der Staat wiederum in einer Ausnahmesituation auf solche Goldbestände zurückgreifen wollen. Bankschließfächer sind also vor allem eine sinnvolle Ergänzung zu anderen Lagerformen, etwa der Lagerung zu Hause.
- Eine weitere wertvolle Alternative ist die mögliche Lagerung im Ausland, etwa in Lagerstätten in der Schweiz. Dort allerdings wäre es wiederum schwieriger, sich das Gold ausliefern zu lassen.

Goldlagerung im Ausland: Zollfreilager in der Schweiz

Eine klassische Möglichkeit sind sogenannte Zollfreilager in der Schweiz. Dort wird das Gold relativ kostengünstig gelagert und bleibt auch dem Zugriff des deutschen Staates entzogen.

Sie können auf Wunsch das Edelmetall genau nummerieren lassen, sodass die Bestände sicher zugeordnet würden. Diese Lager stellen zumeist sogenanntes Sondervermögen dar. Der Betreiber eines solchen Zollfreilagers also könnte durchaus Konkurs anmelden, ohne dass Ihr Bestand gefährdet wäre. Eine Möglichkeit, ein solches Zollfreilager zu eröffnen, finden Sie beispielsweise bei proaurum.de.

Die Kosten für die Lagerung, das heißt eigentlich den Kauf der Produkte, sind relativ niedrig. Zunächst erhalten Sie ein Bestellformular, einen Antrag auf Verwahrung sowie ein Formular, mit dem die Eigentümer geprüft werden. Sind alle Unterlagen geprüft, erhalten Sie vom Anbieter eine schriftliche Bestätigung.

Im nächsten Schritt „kaufen" Sie das Gold, indem Sie den entsprechenden Rechnungsbetrag überweisen. Der vorab zugesandte Vertrag wird somit erfüllt. Im Anschluss an alle schriftlichen Rechtsgeschäfte erhalten Sie eine Depotbestätigung. Wenn Sie das Gold abheben wollen, müssen Sie lediglich einen Antrag auf die physische Auslieferung stellen. Das Gold übergibt Ihnen pro aurum beispielsweise „in den Räumlichkeiten" des Unternehmens: pro aurum Zürich in Kilchberg.

Der „Verkauf" bringt naturgemäß weniger als der Kauf kostet. Hieran verdient der Händler wie üblich über seine Handelsspanne. 31,10 g entsprechen einer Unze. Die Preise, die Sie dann sehen, beziehen sich auf die Währung Euro. Neben den angegebenen Preisen bleibt unabhängig von der tatsächlichen Lagerform die Frage, welche physischen Goldstücke Sie am besten kaufen.

Die idealen Gold-Anlageformen

Barren und Münzen gibt es in unterschiedlichen Größen sowie mit unterschiedlichen Bezeichnungen. Unter den Münzen gibt es vor allem verschiedene sogenannte Prägungen:

- Wiener Philharmoniker
- Krügerrand
- Maple Leaf
- American Eagle
- Nugget Känguru

Grundsätzlich können Sie von diesen Münzen jede Sorte kaufen. Dabei ist jedoch wichtig zu wissen, dass die Münzen der Prägung Krügerrand einen geringeren Feingoldgehalt aufweisen, konkret fast 92% des Gewichtes. Die Münze ist deshalb schwerer und gleicht so diesen Nachteil aus.

Unter den Barren gibt es verschiedene Größen, die für Sie in Betracht kommen. Die Einordnung reicht von 1 g über 10 g bis zu 31,1 g (= 1 Feinunze), 50 g oder mehr. Wir empfehlen Ihnen, bis zu einer Größenordnung von einer Feinunze Münzen zu kaufen, darüber gehende Einheiten sind als Barren in der Regel günstiger. Wenn Sie Barren erwerben, verzichten Sie möglichst auf Sonderprägungen oder besondere Zertifizierungen. Entscheidend ist am Ende der Materialwert. Der bemisst sich am Gewicht sowie am Feingoldgehalt. Der beträgt bei solchen Barren in der Regel 99,9%.

Fazit: Es bietet sich an, möglichst viel physisches Gold zu kaufen und selbst zu lagern. Zollfreilager in der Schweiz können hilfreich sein, sofern Sie etwas höhere Summen in Gold anlegen. Demgegenüber ist es deutlich riskanter, Gold in Form von Papiergold zu halten. Dies bildet den Goldpreis ab, bietet aber im Zweifel bei Emittenteninsolvenz keinen

Schutz. Der bevorzugte Händler findet sich in der Regel im Internet. Hier sind die Einkaufskonditionen am günstigsten.

Praxis-Tipps für den Edelmetallkauf

1. Wenn Sie größere Mengen Gold mit Bargeld kaufen wollen, fahren Sie einfach in eine deutsche Metropole wie beispielsweise München. Dort sind neben dem Marktführer pro aurum noch einige andere Goldhändler mit Verkaufsstellen vertreten, und Sie können so an einem Tag auch größere Summen in Gold anlegen – unterhalb der Grenze von 10.000 € auch anonym.

2. Wenn Sie Gold als Absicherung ins Depot nehmen wollen, bevorzugen Sie Barren. Münzen in jeglicher Form haben immer einen kleinen Aufschlag auf den tatsächlichen aktuellen Marktpreis beim Gold – sind aber grundsätzlich auch geeignet. Umgekehrt ist es auch wichtig, die Größe der Barren nicht zu groß zu wählen. 100-Gramm-Barren sind eine praktikable Stückelung. Der Preis liegt derzeit bei rund 3.600 €. Goldkäufe sind dabei generell von der Mehrwertsteuer befreit. Das gilt wiederum nicht für die anderen Edelmetalle wie Silber, Platin oder Palladium, sofern Sie diese in Deutschland kaufen.

3. Setzen Sie nur auf die großen Goldhändler in Deutschland. Dazu gehören pro aurum und Degussa. Dubiose Angebote, die immer wieder im Internet auftauchen und

Ihnen Gold unter dem aktuellen Markt-preis offerieren, sind nicht seriös. Grundsätzlich könnten Sie auch zu Ihrer Hausbank gehen und dort den Goldkauf abwickeln. In der Regel verlangen die Banken allerdings einen ordentlichen Aufschlag für diesen Service. Bei den spezialisierten Händlern ist vor allen Dingen die Auswahl für Sie als Goldkäufer viel größer. Barren gibt es da von 1 Gramm bis zu 1.000 Gramm.

Silber – auch ein lukratives Investment

Auch Silber können Sie als Währungsalternative zu Gold in Ihr Depot aufnehmen. Silber ist allerdings sperriger als das gelbe Edelmetall. Die Unze kostete zur Drucklegung des Buches etwas weniger als 17 Dollar. Damit brauchen Sie wesentlich mehr Silbergewicht, um denselben Vermögenswert zu verkörpern. Für den Handel allerdings gilt im Wesentlichen das für Gold bereits Gesagte. Physisches Silber ist sicherer als reines Papiersilber. Die Sicherheitsbedenken gegenüber Zertifikaten sind beim Silber identisch. Sobald ein Emittent ausfällt, werden Sie von der vorgeblichen Vermögenssicherheit nichts mehr haben. Das Zertifikat fällt einfach aus.

Fonds bieten sich beim Silber eher an als für Gold. Denn die zu lagernden Mengen sind bei größeren Vermögen deutlich höher. Die Vorteile der Lagerkosten für eine Fondsgesellschaft dürften relativ größer sein als beim Gold. Auch für Silber müssten Sie zu Hause Tresore anschaffen, wenn

Sie eine Versicherung abschließen wollen. Die Aufbewahrungsfächer bei Banken sind zumindest nicht wesentlich günstiger. Deshalb ist der Kostenvorteil bei Fonds größer.

Zudem können Sie damit rechnen, dass das Edelmetall nicht wie möglicherweise Gold weiter verliehen wird. Sie dürften davon ausgehen, dass solche Fonds stets lieferfähig sind, wenn Sie das Silber zurückverlangen. Sollten Sie Silber in physischer Form zu Hause lagern, eröffnet sich allerdings ein kleiner Vorteil gegenüber Gold. Typischerweise werden professionelle Diebe das weiße Edelmetall nicht mitgehen lassen wollen. Das Gewicht ist zu hoch, wenn das Diebesgut einen bestimmten Wert annehmen soll. Edelsteine, Schmuck insgesamt, Gold und Geld sind bevorzugt.

Auch Silber können Sie in Form von Münzen und Barren kaufen. Barren sind aus Kostengründen die bessere Variante. Durch den geringeren Wert pro Unze ist der Prägeaufwand für große Vermögen entsprechend höher. Deshalb sind ganze Barren günstiger. Auch hier haben Sie die Wahl unter verschiedenen Münzen:

- Wiener Philharmoniker
- Maple Leaf
- Britannia
- American Eagle

Damit sind die prominentesten Münzen benannt. Auch für diese Münzen gilt wie beim Gold sowie für Barren, dass jegliche Sonderprägungen zu teuer sein werden. Beschränken Sie sich darauf, dass Sie einfaches Silber erwerben. Sonderprägungen, die beispielsweise im Fernsehen beworben werden, lohnen sich nicht.

Fazit: Silber ist eine Alternative zum Gold. Wenn Sie möglichst sicher gehen wollen, ist Gold jedoch vorzuziehen. Der Goldpreis wird letztlich durch die Aktivitäten der großen Eigentümer wie Notenbanken festgesetzt. Je niedriger der Wert der typischen Papiergeldwährungen indes ist, desto stärker werden die Notenbanken an das gelbe Edelmetall denken.

Kapitel 5: Bausteine für Ihren Vermögensschutz: Aktien

Ihr erfolgreicher Start an der Börse: In 7 Schritten zum Aktionär

Weniger als 10 Millionen Einwohner Deutschlands besitzen Aktien. Das heißt: An über 70 Millionen Menschen in Deutschland geht die seit Jahrzehnten positive Börsenentwicklung vorbei. Wollen Sie sich nicht länger mit den Minirenditen von Anleihen, Sparbriefen und Lebensversicherungen abspeisen lassen? Dann handeln Sie jetzt! Aktionär zu werden ist gar nicht so schwer.

1. Suchen Sie sich eine Direktbank und eröffnen Sie ein Depot
Die meisten nationalen und internationalen Großbanken haben mittlerweile Direktbanktöchter, so etwa die Comdirect (Commerzbank), ING-DiBa (ING) oder Cortal Consors (BNP). Selbst wenn Sie den Banken nicht vertrauen, brauchen Sie keine Sorge vor einer Bankenpleite zu haben: Ihr Depot ist auch in diesem Fall vor dem Zugriff der Gläubiger geschützt. Der große Vorteil von Direktbanken sind ihre niedrigen Gebühren. In der Regel verlangen sie – anders als Filialbanken – keine Depotgebühren. Außerdem sind die Kauf- und Verkaufsprovisionen deutlich niedriger.

So verlangen die Direktbanken rund 0,25% Gebühr beim Kauf und Verkauf von Aktien oder anderen Wertpapieren, Filialbanken hingegen etwa 1%. Beim Kauf von Aktien im

Wert von 10.000 € sparen Sie also 75 € – und beim späteren Verkauf den gleichen Betrag noch einmal. Außerdem bieten die meisten Direktbanken ein ebenfalls kostenloses Tagesgeldkonto an, über das Ihre Börsengeschäfte abgewickelt werden und auf dem Sie Ihr Geld parken können. Die Unterlagen zur Depoteröffnung können Sie einfach bei der Bank im Internet bestellen.

2. Ganz online geht es nicht

Der Gesetzgeber schreibt vor, dass jeder, der ein Konto oder Depot eröffnet, sich ausweisen muss. Deshalb haben die Direktbanken meist ein Abkommen mit der Post. Sie brauchen nur die Unterlagen der Bank auszufüllen, mit dem „Post-Ident"-Formblatt in eine Postfiliale zu gehen und dort Ihren Personalausweis vorzulegen. Das dauert keine fünf Minuten und ist für Sie vollkommen kostenlos.

3. Einige Tage später erhalten Sie Post von Ihrer Bank

Neben den Eröffnungsunterlagen erhalten Sie Ihre Zugangsdaten, meist einen Benutzernamen und ein Passwort. Bei der ersten Anmeldung werden Sie aufgefordert, Benutzernamen und Passwort zu ändern. Manchmal ist der Benutzername auch Ihre Kontonummer; die können Sie natürlich nicht ändern.

Wichtig ist, dass Sie ein möglichst sicheres Passwort wählen. Es sollte aus mindestens acht Zeichen bestehen, Groß- und Kleinbuchstaben sowie Zahlen und Sonderzeichen (nicht bei allen Banken möglich) enthalten und möglichst nicht im Duden stehen. Häufig empfohlen wird, einen leicht zu merkenden Satz zu suchen, z. B. „**M**orgens **s**tehe **i**ch **a**uf **u**nd **p**utze **m**eine **Z**ähne“. Wählt man daraus jeweils die ersten Buchstaben, erhält man „**MsiaupmZ**“. „**i**“ sieht aus wie „**1**“, „&“ ersetzt das „**u**“. Fertig ist das gute Passwort **Ms1a&pmZ**.

Jede Buchung auf Ihrem Online-Konto müssen Sie mit einer Transaktionsnummer (TAN) legitimieren. Diese ersetzt faktisch Ihre Unterschrift, etwa auf einem Überweisungsformular. Dabei gibt es mehrere Verfahren. Je nach Bank erhalten Sie beispielsweise eine Liste mit 100 TANs. Bei jeder Buchung fragt die Bank dann nach einer bestimmten TAN. Mit dieser sechsstelligen Zahl legitimieren Sie die Buchung. Alternativ wird Ihnen ein TAN auf Ihr Mobiltelefon per SMS gesendet, oder die Bank schickt Ihnen ein kleines, kinderleicht zu bedienendes Gerät mit dem Namen TAN-Generator. Das Prinzip ist stets das gleiche: Sie geben die angeforderte TAN auf der Internet-Seite ein, klicken auf OK, und Ihr Auftrag wird ausgeführt – bei Börsengeschäften sofort in derselben Sekunde.

4. Welche Aktien kommen in Frage?

Die goldene Regel lautet: Nicht alles auf ein Pferd setzen. Streuen Sie das Risiko. Im Klartext bedeutet das, dass Sie sich idealerweise wenigstens sieben bis zehn verschiedene Werte ins Depot legen sollten. Dabei ist darauf zu achten, Aktien aus verschiedenen Regionen und verschiedenen Branchen zu kaufen. Entscheidend bei der Auswahl ist ebenfalls Ihr Planungshorizont. Wer auf das schnelle Geld aus ist, kauft womöglich andere Papiere als ein langfristig orientierter Anleger. Mögen heiße Tipps auf kleine Aktien vielleicht ein hohes Chancenpotenzial haben, bergen diese Papiere meist auch höhere Risiken bis hin zum Totalverlust, der bei einer Insolvenz des Unternehmens den Investoren drohen kann.

Jedes Wertpapier hat eine sechsstellige Wertpapier-Kennnummer (WKN), mit der man jeden Titel schnell finden kann. Die Direktbanken bieten Ihnen für nahezu alle Wertpapiere Kurscharts, Kurzbeschreibungen und Analystenempfehlungen kostenlos an. Die größten deutschen Aktien sind im DAX 30 vertreten, die größten europäischen Werte im EuroStoxx 50.

5. Wie erkennt man gute Aktien?

Das klassische Bewertungsmaß für Aktien ist das Kurs-Gewinn-Verhältnis (KGV). Derzeit zahlen Anleger für die 30 DAX-Konzerne im Schnitt weniger als das 14-Fache des diesjährigen Nettogewinns. Vor Jahren waren die Unternehmen teils noch für das 8-Fache des Gewinns zu haben. Gleichwohl ist der DAX heute noch immer deutlich preiswerter als im Jahr 2000 oder in den 1980er- oder 1990er-Jahren. Hinzu kommt, dass Zinspapiere als mögliche Alternativanlage heute ebenfalls deutlich weniger Rendite abwerfen als in früheren Zeiten.

6. Vergessen Sie die Dividenden nicht

Meist im Frühjahr ist Zahltag für die Aktionäre. Wer am Tag nach der Hauptversammlung Aktien hält, bekommt für deutsche Unternehmen die gesamte Dividende für das abgelaufene Geschäftsjahr. Dies hat zur Folge, dass an diesem Tag der Aktienkurs meist entsprechend der Ausschüttung sinkt. Gerade in Zeiten niedriger Zinsen werden die Dividenden für langfristig orientierte Anleger immer wichtiger.

Im Schnitt erhalten Investoren bei deutschen Standardwerten heute etwa 3% Dividendenrendite. Zum Vergleich: Die Anleihen der DAX-Konzerne werfen meist weniger als 2% ab. Der Versicherungskonzern Munich Re gewährt seinen Aktionären sogar annähernd 5% Dividendenrendite. Seit 1969 hat dieser Konzern seine Dividende nicht mehr gesenkt. Der Gesundheitskonzern Fresenius erhöhte gar mehr als 20-mal in Folge seine Dividende. Und der US-Fastfood- Konzern McDonald's zahlte 1976 erstmals Dividende und hat sie seitdem jedes Jahr angehoben.

7. Wann können Sie Aktien kaufen?

Blickt man zurück, hat der DAX in den letzten Jahren einen beeindruckenden Höhenflug hingelegt: Seit März 2009 hat er mehr als 250% hinzugewonnen. Doch wer immer nur auf niedrigere Kurse wartet, bleibt vielleicht ewig vor der Tür. Um nicht auf dem falschen Fuß erwischt zu werden, sollte man nicht sein ganzes Geld auf einen Schlag investieren. Nachkaufen kann man immer noch.

Begrenzen Sie ihr Risiko bei Aktien: Nutzen Sie Stop-Loss-Orders

Eine der größten psychologischen Fallen bei der Geldanlage in Wertpapieren ist die Fixierung auf den Einstiegskurs. Viele Anleger verkaufen verlustbringende Wertpapiere nicht, weil sie zumindest eine Kurserholung bis auf das Niveau des Einstiegskurses wiedersehen möchten.

Das aber ist fatal. Denn gerade die Verlustbringer ohne Aussicht auf Erholung sollten Sie besser rasch aus Ihrem Depot entfernen, anstatt weitere Kursverluste zu riskieren. Diesen Fehler einzudämmen gelingt Ihnen am besten, indem Sie feste Kursschwellen definieren, ab deren Erreichen ein bestimmtes Wertpapier verkauft werden soll. Beispielsweise 20 oder 30% unter dem aktuellen Kurs. Das nennt sich Stop-Loss-Limits.

Stop-Loss-Limits sollten Sie nicht nur mental setzen. Sorgen Sie besser sofort dafür, dass das betreffende Wertpapier beim Erreichen oder Unterschreiten des Limits auch tatsächlich verkauft wird – ohne dass Sie eigens deswegen aktiv werden müssen.

Möglich macht das eine Stopp- Loss-Order. Wie Sie Stop-Loss-Limits konkret setzen und was Sie dabei beachten sollten, lesen Sie im nächsten Abschnitt.

So setzen Sie ein Stop-Loss-Limit

Stop-Loss-Limits setzen Sie für jedes Wertpapier in Ihrem Depot einzeln. Dabei ist es egal, ob es sich um eine Aktie, einen Fonds, ein Zertifikat, eine Anleihe oder einen Optionsschein handelt. Prinzipiell sind Stop-Loss-Limits bei fast allen börsengehandelten Wertpapieren möglich.

Um ein Stop-Loss-Limit zu setzen, müssen Sie eine Verkaufsorder aufgeben. Unter „Ordertyp“ wählen Sie dann aus einer Liste die Option „Stop-Loss“ aus. Anschließend tragen sie in das Kästchen mit der Aufschrift „Stop-Loss-Limit“ oder „Limit“ die Kursmarke ein, bei deren Erreichen oder Unterschreiten Ihr Wertpapier verkauft werden soll.

Meist sind 10 bis 20% unter dem aktuellen Kurs richtig

Wo setzen Sie Ihren Stop-Loss-Kurs? Das sollten Sie von der Schwankungsanfälligkeit des jeweiligen Wertpapiers abhängig machen. Schwankt es wenig, sind etwa 20% empfehlenswert. Bei sehr stark schwankenden Aktien, Fonds oder Zertifikaten kann ein Stop-Loss-Limit von etwa 30% unter dem aktuellen Kurs durchaus angemessen sein.

Beispiel: Sie haben eine Aktie für 50 € gekauft. Der Wert schwankt nicht allzu stark, aber der Kursverlauf ist auch nicht ganz ruhig und beständig. Dann setzen Sie Ihr Stop-Loss-Limit 20% unter dem Einstandskurs, also bei 80% des Einstandskurses.

Rechenweg: 50 € × 80% = 40,00 €. Sie setzen also 40,00 € als Stop-Loss-Limit in Ihrer Verkaufsorder ein.

Wichtig: Rechnen Sie nicht unbedingt damit, dass Ihre Order genau zu dem Kurs ausgeführt wird, bei dem Ihre Stop-Loss-Marke liegt. Denn verkauft wird automatisch nach Erreichen oder Unterschreiten des betreffenden Wertes. Und zwar zur nächsten gültigen Kursfeststellung.

Ein Verkauf wird also auch dann ausgelöst,

- wenn der nächste Kurs schon wieder über Ihrer Schwelle liegt, oder
- wenn der nächste Kurs – etwa aufgrund einer Häufung von Verkaufsaufträgen an der Börse – deutlich unter Ihrem Stop-Loss-Kurs liegt.

Ein Stop-Loss-Limit von 20 % bedeutet folglich nicht, dass Sie nur maximal 20 % des aktuellen Kurses verlieren können. Definiert wird lediglich der Zeitpunkt des Verkaufs (nach Erreichen oder Unterschreiten dieser Schwelle), nicht aber der Verkaufskurs.

Stop-Loss-Limits zu setzen, ist prinzipiell an allen Börsenplätzen und bei allen Depotbanken (Brokern) möglich. Im Direkthandel wird dieser Ordertyp dagegen nicht immer angeboten.

Gültigkeitsdauer festlegen

Vergessen Sie nicht, für Ihre Stop-Loss-Orders unter dem Punkt „Gültigkeit“ den richtigen Zeithorizont einzugeben. Üblicherweise ist hier der Eintrag „GTC“ („Good till cancelled“ = „gültig bis zur Streichung“) richtig.

Stop-Loss-Marken regelmäßig nachziehen

Einmal im Monat, bei Hebelprodukten (Optionsscheinen, Hebelzertifikaten) auch häufiger, sollten Sie Ihre Stop-Loss-

Kurse an die aktuellen Gegebenheiten anpassen. Das heißt: Sie prüfen für jedes einzelne Wertpapier in Ihrem Depot, wo die Kurse jetzt liegen:

- Sind die Kurse gestiegen, dann heben Sie Ihr Stop-Loss-Limit um den entsprechenden Betrag an. Dazu müssen Sie die bestehende Stop-Loss-Order ändern oder – falls das bei Ihrem Broker nicht möglich ist – die bestehende Stop-Loss-Order streichen und eine neue mit dem erhöhten Stop-Loss-Limit aufgeben.
- Sind die Kurse gefallen, unternehmen Sie nichts. Denn bedenken Sie: Ihr Stop-Loss-Limit ist als Verlustbegrenzung gedacht. Das funktioniert aber nur, wenn Sie diese Grenze nicht ständig nach unten verschieben!

Neuer Ordertyp: „Trailing Stop-Loss"

Seit einiger Zeit bieten die meisten Banken und Broker einen Ordertyp an, der es Ihnen erspart, die Stop-Loss-Kurse ständig eigenhändig anpassen zu müssen: Den sogenannten Trailing Stop-Loss. „Trailing" bedeutet „verfolgen". Das heißt, Sie definieren bei Orderaufgabe den gewünschten Abstand Ihres Stop-Loss-Limits zum aktuellen Kurs. Dieser Abstand wird dann bei steigenden Kursen ständig nachgezogen. Den Abstand können Sie gewöhnlich als festen Betrag (zum Beispiel 3 €), aber auch prozentual definieren.

Die Kosten für Stop-Loss-Orders

Bei vielen Depotbanken kostet eine Stop-Loss-Order lediglich die normalen Ordergebühren, die nur anfallen, wenn sie tatsächlich ausgeführt wird. Bleibt die Order unausgeführt bestehen, so wird dafür in den meisten Fällen keine Gebühr erhoben.

Kostenfallen drohen auch in anderer Hinsicht. Einige Direktbroker erheben Gebühren für die Streichung oder Änderung von Orders. Das macht das Anpassen von Stop-Loss-Limits an den aktuellen Kurs zum teuren Spaß.

In solchen Fällen gibt es nur eine Empfehlung: Suchen Sie sich einen Broker aus, bei dem weder bestehende, unausgeführte Orders noch die Streichung oder Änderung bestehender Orders Geld kosten.

Preis- und Leistungsverzeichnis ansehen

Schauen Sie in das Preis- und Leistungsverzeichnis Ihrer Depotbank. Meist ist es online unter „Service und Formulare" zu finden.

Falls unausgeführte Orders bzw. das Streichen und Ändern einer Order kostenpflichtig sind, sehen Sie sich besser nach einem Broker um, der dafür keine Gebühren verlangt.

Die Angst der Deutschen vor Aktien ist unbegründet

Der Aktienanteil in Deutschland ist gering. Dies ist in jeder Hinsicht ein Fehler, den allerdings Banken, Versicherungen und vor allem der Staat provoziert haben. Es gibt viel Literatur, noch mehr Studien und verschiedenste Erklärungen dazu, dass und warum wir in Deutschland Angst vor Aktien haben.

Arbeiten wir uns beispielhaft an einer „Konfrontationstherapie mit fünf Diagnosen und fünf Lektionen ab“, wie Sie die Zeitschrift „Capital“ einmal zusammengefasst hat. Sie finden hier die einzelnen, teils treffenden Diagnosen und Lösungen. Dazu ergänzend und stark abgehoben die entsprechenden Beiträge des Autors.

Deutschland verdient kaum mehr als die schwarze Null

Ausgangspunkt der Überlegung ist die niedrige Rendite, die wir in Deutschland erzielen. Die Reallöhne in Deutschland sind seit der Jahrhundertwende kaum gestiegen, das heißt, die Kaufkraft blieb faktisch gleich. Die Vermögensverwaltungsgesellschaft „Mars Asset Management“ wird damit zitiert, dass die Fondsbesitzer in den vorhergehenden 20 Jahren kaum an die 3% Rendite kamen.

Das bedeutet: 3% Bruttorendite entsprechen faktisch 0% Nettorendite.

Denn: 25% Abgeltungsteuer + Kirchensteuer und Solidaritätszuschlag von 3 Prozentpunkten Bruttorendite entsprechen etwa einem Abschlag von 1 Prozentpunkt. Dies sind 2% nach Steuern. Da auch die Inflationsrate gut 2% beträgt, bleibt letztlich eine Nettorendite von 0%.

Der Faktencheck

Die Fondsrendite seit 1994 mit 3% anzusiedeln, kann je nach Anlageart (mit oder ohne Schwellenländer, mit Dividendenausschüttung oder ohne) plausibel sein. Wenn Sie in den DAX investiert hätten, mit einem einfachen ETF (börsengehandelte Fonds, hier auf Indizes wie den DAX), wären zumindest 7% jährlich möglich gewesen.

Da aktiv gemanagte Fonds in aller Regel deutlich schlechtere Ergebnisse erzielen, sind 3% jährlicher Rendite eine realistische Annahme. Selbst 4% wären noch nicht genug, um Geld verdient zu haben. Damit wären nach Steuern und Inflation vielleicht noch 0,7% oder 0,75% übrig. Dies jedoch entspricht meist allein den Beschaffungskosten für Informationen und den Bankgebühren für die Kontoführung, sodass vom Geld nichts übrigbleibt.

Zwischenfazit: Fonds bringen in der Regel nichts oder kaum etwas. Es wäre besser, wenn Anleger für ihre Dauervorsorge dafür sorgen, dass das Geld dauerhaft mitarbeitet. Entweder im eigenen Unternehmen oder als eigene Unternehmensbeteiligung. Dann sind nachweislich 10% bis 20% jährlich möglich. Und Sie haben kaum etwas zu tun.

Rendite steigern – eine Frage der Herangehensweise

Wer tatsächlich vorsorgen möchte und sein Geld für sich arbeiten lassen will, benötigt daher eine ganz andere Herangehensweise als bislang. Kaufen Sie Unternehmen, kaufen Sie Unternehmensbeteiligungen!

Es kommt nur darauf an, die richtigen Unternehmen zu finden, die über längere Zeiträume genug Geld verdienen. Dann sind die Kursbewegungen an der Börse für Sie nicht mehr entscheidend. Vergleichen Sie Investitionen in Unternehmensbeteiligungen (also „Aktien“ in diesem Fall) mit dem Kauf einer Immobilie, die Sie vermieten wollen. Die Immobilie wird zwar kein Geld „mehr“ verdienen können, als Sie über die Vermietertätigkeit erwirtschaften.

Aber immerhin wirft sie Geld ab. Unternehmensbeteiligungen, die Sie kaufen, können täglich ihren Wert wechseln. Wie Immobilien. Würden Sie Immobilien täglich am Markt anbieten, dann würde sich deren Preis hin und her bewegen. Wahrscheinlich wären Sie als Vermieter dann irritiert, wie unsicher eine solche Immobilie doch sein kann.

Wenn Sie auch die Miete täglich nach Angebot und Nachfrage neu festlegen würde, wäre die Immobilie ebenso unsicher. Nur: Niemand, der vermietet, wird sich täglich den scheinbaren Wert am Markt ansehen. Genauso können Sie auch bei Unternehmensbeteiligungen vorgehen.

Der Preis, den die Börse für wenige Aktien, die im Vergleich zum Bestand an Aktien insgesamt gehandelt werden, bietet, spielt an sich für den Unternehmenswert keine Rolle. Dies ist lediglich das Theater, in dem die Banken oder die Börsenbetreiber Geld verdienen. Jeder einzelne Handel kostet Geld, denn Sie benötigen einen Mitarbeiter bei der Bank, der Ihre Order weiterleitet sowie einen Händler an der Börse, der Käufer und Verkäufer zusammenbringt.

Schon daran verdienen die Institute – und das täglich. Unternehmensbeteiligungen in Form guter Aktien jedoch sind langfristige Anlagen, die einfach nur Geld abwerfen sollen. Wenn Sie hier gezielt suchen – oder entsprechende Literatur für die Suche und Überwachung nutzen –, dann werden Sie eine stets sprudelnde Geldquelle nutzen können.

Übrigens: Diese ist langfristig zumindest nicht weniger sicher als Anleihen, Lebensversicherungen, Sparkonten oder Immobilien.

Aktien sind sicher – denn Sie kaufen einen Teil des Unternehmens

Die Empfehlung lautet also: Kaufen Sie mehr Unternehmensbeteiligungen! Auch wenn andere sie Aktien nennen. Bleiben wir bei diesem Sprachgebrauch. Aber: Wenn ich von Aktien spreche, dann meine ich damit die Beteiligung an guten Unternehmen.

Aktien sind sicher, sofern Sie Substanzwerte erwerben, die nach meinem System ausgesucht wurden. Ein Zusatzvorteil, der entscheidend ist: Sie können die Unternehmensbeteiligungen jederzeit veräußern.

Immobilien nehmen oft einen beträchtlichen Teil innerhalb des Gesamtvermögens ein. Dabei sind noch nicht einmal 50% der Haushalte in Deutschland Eigentümer von Immobilien.

Aktien spielen mit einem Anteil von 2,5% bis 4% am Gesamtvermögen eine verschwindend geringe Rolle. Anleihen nehmen ebenfalls nur einen kleinen Teil ein, wobei Sie bitte berücksichtigen, dass Lebens- und Rentenversicherungen vorzugsweise in Anleihen investieren.

Zudem sind auch kurz- und langfristige Bankeinlagen Zinsanlagen, die kaum Rendite abwerfen und nach demselben Prinzip wie Anleihen funktionieren. Der einzige Unterschied: Bankeinlagen sind sicherer. Anleihen fallen mit einer Wahrscheinlichkeit von 2–3% zumindest teilweise aus.

Investmentfonds können sowohl Rentenanlagen als auch Aktienanlagen sein, wobei Rentenfonds typischerweise den größeren Anteil ausmachen. Pensionsrückstellungen finden sich in aller Regel ebenfalls auf Zinskonten oder in Anleihen.

Schließlich sind die Gold-Investitionsquoten ebenfalls verschwindend gering.

In der Summe bleibt, dass Deutschlands Haushalte ihr Geld vornehmlich in Immobilien und dann in verschiedenste Zinsprodukte investieren.

Die bessere Strategie: Unternehmensbeteiligungen erwerben

Diese Aufteilung ließe sich einfach verbessern, wenn Sie Versicherungen und Bankeinlagen sowie einen Teil der Immobilien auflösen. Stattdessen bietet es sich an, den Aktienanteil deutlich zu erhöhen.

Schließlich ist in diesem Zusammenhang auch der Blick auf die Sparquote in Deutschland noch einmal interessant. Deutschlands Haushalte versuchen, zu sparen, verzichten dabei allerdings auf höhere Renditen.

Damit haben wir bewiesen, was im ersten Schritt zu beweisen war: Deutschland hat eine sehr hohe Sparquote und versucht offenbar, möglichst „sicher" Geld für die Vorsorge zurückzulegen. Andererseits schaffen wir es nicht, eine angemessene Rendite zu erwirtschaften, die aus zurückgelegtem Spargeld auch Vermögen entstehen lässt.

Deutschland hat also tatsächlich ein Volk von Sparern und nicht von Anlegern. **Wir haben Angst vor Aktien.** Dies muss nicht sein, wenn Sie wissen, dass Sie Unternehmensbeteiligungen erwerben. Leider wird der Begriff „Aktie“ in Deutschland so verwendet, als ob es um Kurswetten ginge. Das ist falsch. In Deutschland versteht zudem die Politik von der Anlage in Unternehmensbeteiligungen schlicht nichts. Deshalb entstehen Neid, Unwissenheit und falsche Ratschläge.

Der historische Rückblick: So ist die Angst vor Aktien entstanden

Redet uns der Staat in Deutschland eventuell ausdrücklich die Anlage in Aktien aus? Wenn ja, warum? Der historische Rückblick offenbart eine besondere Kultur, die wir ausgebildet haben.

Bedienen wir uns kurz einer historischen Zeitleiste, in der deutlich wird, dass und warum der Staat Anleihen ganz enorm gefördert hat.

1914–1918: Der Erste Weltkrieg

Der Ausbruch des Ersten Weltkriegs liegt nunmehr 100 Jahre zurück und ist doch weitgehend verdrängt. Deutschland brauchte Geld, um den Ersten Weltkrieg zu finanzieren. Schon zum Beginn des vergangenen Jahrhunderts hatte das Kaiserreich Anleihen ausgegeben, um die eigene Aufrüstung zu finanzieren. So musste oder wollte Deutschland eine eigene Flotte aufbauen, um der wahrgenommenen Bedrohung durch den Westen, also England und Frankreich, sowie aus dem Osten mit Russland zu entgehen. Die Kriegsflotte sollte später zu einem entscheidenden Argument im Krieg gegen Deutschland werden.

Zum Ersten Weltkrieg dann finanzierte sich die Regierung mit der Ausgabe „mündelsicherer Kriegsanleihen", die einen Wert von 100 Milliarden Reichsmark darstellten. Die einzelnen Instrumente müssen wir an dieser Stelle nicht diskutieren, allerdings waren die Anleihen bereits Teil einer sogenannten staatlichen Repression. Der Staat wollte seine Anleihen verkaufen.

1918–1922: Die Nachkriegszeit – wertlose Anleihen

In der Zeit nach dem Krieg dann stellte sich heraus, was diese Geldanlagen wert sein würden. Deutschland hatte den Krieg verloren und musste sich auf hohe Reparationszahlungen einstellen. Die Anleihen drohten wertlos zu werden, da die Zahlungsfähigkeit eingeschränkt schien. Deutschlands Aktieneigentümer machten eine ähnliche Erfahrung: Die Kaufkraft des Gegenwertes von Aktien sackte um mehr als 95% in sich zusammen – vorübergehend.

1923: Währungsreform

Die Entwicklung kulminierte im Zusammenbruch 1923. Die Hyperinflation in Deutschland hat sich in das kulturelle Gedächtnis bis heute eingebrannt. Geld wurde wertlos und in immer größeren Mengen gedruckt. Von Monat zu Monat, Woche zu Woche und schließlich sogar binnen eines Tages verflüchtigte sich der Wert jeder Geldzahlung.

Sparer, Anleiheneigentümer sowie Versicherungsnehmer waren die Opfer. Das Vermögen verschwand. Im November 1923 folgte in Deutschland eine große Währungsreform, womit frühere Gläubiger von Sparkonten oder Anleihen endgültig faktisch enteignet wurden.

1929: Der große Aktiencrash

1929 geht als das Jahr des großen Aktiencrashs in die Geschichte ein. An der Wall Street brachen die Kurse am auffälligsten ein. Diesen Crash wollen wir an dieser Stelle nicht unter den Tisch fallen lassen, allerdings weisen wir darauf hin, dass die Kurse sich im Laufe der Jahre wieder auf ihr Ausgangsniveau zurückschraubten.

Deshalb hat der Aktiencrash zwar Spuren hinterlassen, für geduldige Investoren hingegen kam es nicht zu einer Vermögensvernichtung. Nachhaltiger wirkte die Politik in Deutschland mit der Machtergreifung Hitlers.

1933: Hitler braucht Geld

Zur Ideologie der Nationalsozialisten zählte, dass Aktienerträge Spekulationsgewinne seien. Vermögen sollte durch harte Arbeit, nicht durch Spekulationen erwirtschaftet werden.

Dies ist der politisch-ideologischen Weltanschauung geschuldet, die sich zum Beispiel auch im kirchlichen Zinsverbot wiederfinden dürfte, ebenso allerdings dem Kapitalbedarf der nationalsozialistischen Regierung. So deckelten die Nazis die Ausschüttung von Dividenden im Jahr 1934 mit einem sogenannten „Anleihestockgesetz“.

Aktien wurden auf nicht-kaufmännische Art und Weise unattraktiver. Gleichzeitig führten die Nazis Minizinsen für Spareinlagen und Anleihen ein. Dementsprechend attraktiver wurden Zinsanlagen. 1941 schließlich begann die politische Förderung des „Eisernen Sparens".

Die Wochenlöhne sind zwischen 1938 und 1943 um gut 14% gestiegen. Wegen der fehlenden Konsumgüter entstand ein immenser Kaufkraftüberschuss. Am 30. Oktober 1941 trat eine Verordnung in Kraft, die an heutige Regelungen erinnert:

Die „Verordnung zur Lenkung der Kaufkraft" räumte Angestellten und Arbeiter die Gelegenheit ein, bis zu 26 Reichsmark monatlich beim Arbeitgeber zu belassen und auf ein Sparkonto überweisen zu lassen. Auf diesen Betrag mussten die Arbeitnehmer keine Steuern zahlen und sparten zudem die Sozialversicherungskosten. Unternehmen durften analog dazu Betriebsanlageguthaben „sparen", wobei diese nicht verzinst wurden.

Die Spareinlagen selbst sollten erst ein Jahr nach Kriegsende zur Verfügung stehen. Das Ende des Zweiten Weltkriegs führte schließlich dazu, dass die Einlagen in herkömmliche Sparkonten überführt wurden. Die Währungsreform im Jahr 1948 vernichtete das Sparvermögen, indem es im Verhältnis 10 : 0,65 auf die neue D-Mark umgestellt wurde. Effektiv also finanzierten die Sparer den staatlichen Kapitalbedarf, der dafür steuerliche Anreize schuf, die Auszahlung über Jahre blockierte und schließlich per Währungsreform faktisch alle Schulden loswurde. Staatlich geförderte Sparprogramme dienen indirekt und schließlich direkt letztlich dem Staat. Banken, die als Kapitalsammelstellen fungieren, oder Versicherungen, die ebenfalls Kapitalsammelstellen sind, kaufen davon in großem Stil Anleihen des Staates und finanzieren dessen Schuldenaufnahme. Das Instrument findet sich heute noch in den steuerbegünstigten Vorsorgeleistungen des Staates.

Der Finanzcrash 2008

Ein weiterer Meilenstein in der schleichenden Abwärtsbewegung von Deutschlands Aktienkultur ist der Finanzcrash 2008. Dieser Crash ist in erster Linie der Zusammenbruch einer gigantischen Kreditblase.

Die Banken in den USA hatten zahlreichen Bürgern Kredite für Immobilien spendiert, in aller Regel gegen günstigste Zinsen. US-Notenbankpräsident Greenspan und US-Präsident Clinton haben diese Konjunkturstimulanz letztlich mitbegründet. Niedrige Zinsen, hohe Geldnachfrage, privater Wohlstand, steigende Immobilienpreise – die Spirale schien kein Ende zu nehmen.

Die große Bankenpleite 2008

Dabei verloren zahlreiche mittelständige US-Bürger im Zuge einer sich anbahnenden Krise ihre Arbeit, die Banken erhöhten die variablen Zinskosten, vollkommen überschuldete US-Haushalte konnten ihre Kredite plötzlich nicht mehr bedienen und mussten mitansehen, wie Banken sich nach und nach die Immobilien selbst einverleibten. Da die Banken schon lange mit Kreditausfällen rechneten, begannen sie, über neue Finanzinstrumente Anleihenpakete mit diesen Krediten zusammenzuschnüren und weltweit zu verkaufen.

Auch deutsche Banken und vor allem staatliche Institutionen wie Kommunen griffen zu. Denn die auf den ersten Blick risikolosen Anleihen versprachen etwas höhere Zinsen. Erste Kreditausfälle ließen die Kurse solcher Anleihen zusammenbrechen, immer mehr Banken mussten die Forderungen aus den Anleihen in ihren Bilanzen abschreiben, das ganze Desaster rüttelte am Vertrauen in den Finanzmarkt.

Bankinstitute wie Lehman Brothers oder in Deutschland die Hypo Real Estate, die IKB oder Landesbanken der Staaten kamen in größte Schwierigkeiten, weil sie angesichts wertloser Vermögensgegenstände plötzlich überschuldet schienen.

Extrem sinkendes Vertrauen in Geschäftsbanken, Pleiten in den USA oder Spanien, fallende Immobilienpreise, fehlende Kreditnachfrage – all das bot genug Boden, um auch am Aktienmarkt für einen Sinkflug zu sorgen.

Die Angst in Deutschland ist zu groß

Diese Finanzkrise bildete den Start für den dauerhaften Vertrauensverlust in Deutschland. Niedrige Zinsen, zerstörte Bankgeschäftsmodelle, fehlende Sicherheit selbst bei staatlichen Instituten wie den Landesbanken, all dies führte neben den niedrigen Zinsen schließlich auch zur Flucht aus Aktien in Immobilien. Die Preise zogen selbst in Deutschland nach langen Jahren der Pause eminent an.

Aktien gerieten also aus zwei Gründen aus dem Fokus privater Anleger: Wie oben beschrieben durch die starke Benachteiligung steuerlicher und rechtlicher Art gegenüber allen anderen wesentlichen Anlageformen. Zum anderen durch die Finanzkrise, die ausgerechnet auf staatliche Institutionen sowie Banken zurückging.

Moderne Regulierungs- und Besteuerungsformen auf Aktien in der „Jetztzeit". Auch heute sind Aktien auf den ersten Blick stark benachteiligt. Dafür zeichnet nicht nur die Angst privater Investoren verantwortlich, sondern auch der Staat mit steuerlichen Regelungen und diversen Beratungsvorschriften.

Der Staat benachteiligt Aktionäre

Aktienerträge werden wie Zinserträge mit einer Abgeltungsteuer von 25% der Gewinne belegt. Dies betrifft die Ausschüttungen wie auch Kursgewinne.

Insofern sind Aktien auf den ersten Blick Anleihen, Sparkonten oder sonstigen Sparverträgen gleichgestellt. Auf den zweiten Blick macht der Staat Investoren Aktien doppelt madig.

Denn die Unternehmen, die Dividenden ausschütten, haben ihre Erträge im Unternehmen bereits versteuert. Sie wissen dies, denn Sie sind als Investor mit einer Unternehmensbeteiligung direkt an diesen Steuerzahlungen beteiligt. „Ihr" Unternehmen weist in der Bilanz die Erträge nach und vor Steuern aus. Sehen Sie ruhig nach – jedes Ihrer Unternehmen zeigt die Fakten auf der jeweils eigenen Internetseite.

Leider also sind die bereits versteuerten Ausschüttungen Ihres Unternehmens aus Sicht des Staates erneut eine Einnahmequelle. Er versteuert – derzeit pauschal – einfach noch einmal. Bald schon könnte es sein, dass Sie erneut wie in früheren Jahren Ihre individuelle Einkommensteuer zahlen werden. Dann allerdings muss sich der Staat die bereits auf der Unternehmensebene gezahlten Steuern anrechnen lassen. Dies wissen unsere Politiker aktuell nur nicht, die über höhere Einkommensteuern auf Aktienerträge nachdenken.

Der zweite Aspekt der Benachteiligung ist die vordergründig notwendige Beratung privater Investoren. So gelten Aktien, die in Form von Fonds angeboten werden, als riskant, worauf Sie der Bankberater vor einem Fondserwerb aufmerksam machen wird. Zertifikate oder andere sogenannte Derivate hängen häufig vom Kursverlauf der zugrunde liegenden Aktien ab und gelten in der Beratung als vergleichsweise unsicher.

Auf der anderen Seite sind Staatsanleihen nach den staatlichen Regulierungen „sicher". Zumindest dürfen Versicherungen das Kapital ihrer Kunden in Staatsanleihen wie zum Beispiel aus Spanien, Griechenland oder Irland investieren und werden dabei nicht gedeckelt.

Aktien hingegen schmälern das bilanzielle Eigenkapital, das Versicherungen investieren dürfen. Anleihen sind daher ganz klar bevorzugt – da der Staat hier Kapital organisieren kann.

Langfristig mehr als 8–10% Rendite möglich

Nichtsdestotrotz bleiben Aktien als Unternehmensbeteiligungen die attraktivste Anlageform, da die Wertentwicklung langfristig kontrollierbar ist und Sie als Investor über lange Jahre zumindest 8–10% Rendite erwirtschaften konnten.

Nur ist der Staat in der Regel nicht daran interessiert – es sei denn, er will wie bei staatlichen Unternehmen, etwa der Telekom, selbst Kasse machen und Anteile veräußern. Investoren hingegen, die nach meiner Strategie anlegen, bleiben in aller Regel über viele Jahre Aktionäre. Die substanzstarken Werte mit hohen Dividenden sorgen dafür, dass Sie sogar mehr als 8–10% Rendite schaffen.

Vermeiden Sie die „falschen" Aktien

Unternehmensbeteiligen sind allerdings etwas anderes als gewöhnliche Aktien. Zunächst sind Aktien oft nur ein Kurspapier, an dem viele Beteiligte an den Börsen verdienen. Sie werden mit Tipps versehen, Kauf- und Verkaufsempfehlungen, bringen hohe Gebühren und Stoff für zahlreiche Magazine. All das ist uninteressant, wie ein Blick in die deutsche Geschichte zeigt.

Hier sehen Sie den Unterschied zwischen „falschen" Aktien und „richtigen" Unternehmensbeteiligungen. Vor dem Jahr 2000 gründeten die Börsengesellschaften zahlreiche Neue Märkte, um jungen Unternehmen Kapital zuzuführen. Grundlage dafür sind erleichterte Zulassungsbedingungen, geringere Dokumentationspflichten und eine scheinbar „bessere" Unternehmenskommunikation.

Die Neuen Märkte zeigen, dass auch Banken den neuen Börsenboom anheizten und für sich nutzen wollten. Banken verdienen bei Neuemissionen und in der Betreuung eigenen Fondsvermögens sowie für ihre Dienstleistungen im Handel. Banken brauchen einen Börsenboom und haben damals auch die Vorstände von Unternehmen vorsichtig gedrängt, an den Aktienmarkt zu gehen. Die Unternehmen hingegen hatten teils viel zu viel Geld bezogen auf ihre Geschäftstätigkeit und finanzierten, gut beraten durch Banken, Übernahmen, die nicht zum Geschäft passten. Es bildete sich nicht nur eine Blase, sondern gleich mehrere Blasen. Die Aktienkurse waren viel zu hoch – dies lässt sich über das Kurs-Gewinn-Verhältnis (KGV) messen, einem Signal für die Werthaltigkeit einer Aktie.

Gleichzeitig waren die übernommenen Unternehmen viel zu teuer, unabhängig davon, ob die Übernehmer vom Neuen Markt dafür Aktien kaufen mussten oder in andere Gesellschaftsformen investierten. Schließlich schossen auch die Preise für alle erdenklichen Dienstleister an den Finanzmärkten nach oben.

Inflation von Einkommen und Aktienkursen

Bankanalysten, Berater, Fondsmanager bis hin zu Wirtschaftsjournalisten waren heißbegehrte Arbeitskräfte mit vollkommen überzogenen Einkommen. Der Neue Markt brach, wie wir alle heute wissen, verdientermaßen zusammen. Die Angst vor Aktien in Deutschland grassierte wieder. Unternehmensbeteiligungen wollte (fast) niemand mehr kaufen.

Der Staat nutzte dies und platzierte für seine privaten „Vorsorgemodelle“ viele untaugliche Konstruktionen. Es wurde geriestert, gerürupt oder mit Direktversicherungen hantiert, als gäbe es kein Morgen mehr. Ein einzigartiger Beratungswahn war ausgebrochen. Die Rendite ist hingegen mau. Sie können mit diesen Konzepten heutzutage in der Regel noch nicht einmal 2% jährlich verdienen. Und Sie sind Sklave der Konstruktionen: Wer aussteigen möchte, muss oft hohe Gebühren zahlen. Unternehmensbeteiligungen bringen das Acht- bis Zehnfache. Also 12%, 15% und mehr. Nachweislich. Weil die Unternehmen gesund sind.

Deutschland benötigt Unternehmensbeteiligungen

Die Sparquote in Deutschland selbst ist hoch genug. Deutschland ist, behaupteten Analysten schon, teils einfach zu arm, um das Vermögen dauerhaft aufzubauen.

Dieser Befund ist schlicht falsch. Deutschland verfügt über höchste Wohlstandsfaktoren, das Einkommen ist im Vergleich zu den USA noch relativ gut verteilt, die meisten Haushalte sind zudem gut abgesichert. Sparpläne können Sie in Deutschland bereits mit Summen von 50 € oder gar 25 € beginnen. Abonnements im Bezahlfernsehen sind teurer.

Armut ist kein Grund für die permanente und großflächige Abwesenheit vom Aktienmarkt und von Unternehmensbeteiligungen, die diesen Namen verdienen. Es ist vielmehr die Ungeduld und Angst, die ich bereits in den vorhergehenden Abschnitten beschrieben haben. Wenn Aktien keine Wunderwaffen mit möglichst hohen dreistelligen jährlichen Gewinnen sind, will ein Großteil privater Investoren mit Aktien nichts zu tun haben.

Die Ungeduld speist sich allerdings auch aus der falschen fachlichen Beratung. Sonst müsste niemand ungeduldig sein. Denn jeder Euro, den Sie nicht in Unternehmensbeteiligungen investieren, kostet im Laufe der Zeit viel Geld. Mit Unternehmensbeteiligungen können Sie 8% bis 10% ohne besonders große Risiken verdienen. Wer dagegen mit 2% zufrieden ist, verliert binnen kürzester Zeit dramatisch.

Apple – eine der besten Aktien der Welt

Damit Sie verstehen, wie ich Aktien analysiere, stelle ich Ihnen an dieser Stelle das Unternehmen Apple etwas näher vor. Nur so viel vorweg: Ich halte das Unternehmen für eine der besten Aktien der Welt.

Nun bin ich ein Außenseiter – wenn es um die Computer-Ausstattung im Büro geht. Diesen Text schreibe ich Ihnen von einem ganz normalen Windows-Laptop. Doch in meiner Bürogemeinschaft, wo ich mich als freier Autor eingemietet habe, bin ich damit eben ein Außenseiter.

An allen anderen acht Arbeitsplätzen hier in dem großen Industrieloft im Norden Kölns stehen Apple-Geräte – vom kleinen MacBook bis zum mächtigen 27-Zoll-iMac. Die Grafiker in diesem Büro kämen nie auf die Idee, einen Windows-PC zu benutzen – auch wenn heute die gängige Grafik-Software genauso gut auf diesen Geräten laufen würde.

Es passt einfach nicht in diesen Sektor. Apple hat bei Grafikern und anderen Medienschaffenden so etwas wie ein Monopol. Ich habe mich davon nie einfangen lassen – denn für mich ist auch ein Laptop nicht viel mehr als eine moderne Schreibmaschine. Ich nutze die Geräte für die Recherche und das Schreiben der Texte.

Doch bei den Grafikern, Designern und Werbetreibenden kommt es immer auch auf die Form an – und genau mit dieser Form kann Apple die Fangemeinde schon seit Jahrzehnten überzeugen. Aus heutiger Sicht hört sich das alles wie eine einzige große Erfolgsgeschichte an – doch dem war nicht immer so. Und auch ein Steve Jobs war eine Zeitlang extrem umstritten und wurde bei Apple aus der Führungsetage gedrängt.

Was dahinter steckte, ist eine derart lange Geschichte, dass sie an dieser Stelle zu weit führen würde. Aber ich empfehle Ihnen auf jeden Fall die Lektüre der Steve-Jobs-Biografie von Walter Isaacson. Danach werden Sie ein anderes Bild von Apple und ganz besonders auch von Steve Jobs haben.

Doch zurück zum Unternehmen. Jahrelang konzentrierte sich Apple auf die hochwertige Designkundschaft – aber das brachte nicht den Durchbruch am Massenmarkt. Der Marktanteil kletterte kaum an und erreichte zumeist nur rund 5% am gesamten Computerabsatz.

Es musste etwas Neues her – und das kam dann auch mit den iPhone im Jahr 2007. Das brachte Apple den Einstieg in den noch größeren Massenmarkt. Seitdem ist die Aktie massiv angestiegen.

Für mich ist es bei einem solchen Unternehmen sehr wichtig, Ihnen zu zeigen, wie zunächst kleine Neuerungen wie die Einführung eines Smartphones massive Veränderungen für das Unternehmen, aber in letzter Konsequenz für die globale Wirtschaft bedeuten.

- Mit dem iPhone von Apple startete der Smartphone-Markt im Jahr 2007 durch. Heute werden jährlich mehr als 1 Mrd. Smartphones verkauft.
- Mit dem iPad von Apple startete der Tablet-Markt im Jahr 2010 durch. Heute werden jährlich mehr als 500 Mio. Tablets verkauft.

Diese Beispiele zeigen Ihnen deutlich: Apple ist wirklich ein Unternehmen, dass die Welt, in der wir im 21. Jahrhundert leben, in den vergangenen 10 Jahren maßgeblich geprägt hat. Vieles spricht meiner Einschätzung nach dafür, dass sich diese Entwicklung auch in den kommenden Jahren weiter fortsetzen wird.

Apple hat auch heute noch den Produktmix, der eben nicht nur die Fans anspricht, sondern mittlerweile auch massenkompatibel ist.

Allerdings sehe ich auch eine Gefahr: Apple ist etwas von der Einfachheit der Vergangenheit verloren gegangen. Genau darauf wies mich ein Kollege hin, der eben als Grafiker schon seit 15 Jahren mit Apple-Geräten professionell arbeitet: *„Früher zeichnete sich Apple durch eine hohe Nutzerfreundlichkeit seiner Geräte aus – das ist heute nicht mehr so.“*

Zudem diktiert Apple den eigenen Kunden ein bestimmtes Nutzungsverhalten. Beispiel iPhone: Seit dem iPhone 7 gibt es keine klassische Kopfhörerbuchse mehr an dem Gerät. Das Hören der Dateien funktioniert nur noch mit Bluetooth-Kopfhörern. Wenn ich die aber nicht als Zubehör dazukaufe und die alten Kabel-Kopfhörer weiter benutzen möchte, geht das einfach nicht.

Hier sitzt Apple ohne Frage auf einem hohen Ross – ähnlich wie bei der Preisgestaltung. Aber Apple schafft es eben auch, das iPhone X für mehr als 1.000 € zu verkaufen.

Apple und Coca-Cola: Zwei US-Ikonen

Zum Verständnis des Phänomens Apple bietet sich ein Vergleich mit Coca-Cola an. Eigentlich verkauft das US-Unternehmen nur irgendein Erfrischungsgetränk. Doch wenn Sie einmal in Atlanta waren und dort im Coca-Cola-Museum mit eigenen Augen gesehen haben, was die Marke Coca-Cola wirklich ausmacht, verstehen Sie sehr schnell die ungeheure Kraft dieser Marke. Ich war vor gut zwei Jahren in dem Museum und ich war tatsächlich beeindruckt, wie man sich in einem Museum als Getränkehersteller präsentieren kann.

Coca-Cola steht eben für den American Way of Life – und das seit 1886. Apple steht heute nicht nur einen nationalen Lifestyle – sondern für einen globalen Lebensstil. Im Grunde ist es so: Im Jahr 2017 nutzt die digitale Elite dieser Welt die Produkte von Apple.

Und es gibt eben immer mehr Menschen, die zu diesem Kreis dazugehören wollen. Insofern ist Apple auf der einen

Seite ein Unternehmen, das immer wieder innovative Produkte im Hochpreissegment auf den Markt bringt. Auf der anderen Seite ist Apple aber auch eine sehr attraktive Aktie.

Es gibt Aktien, die das Zeug haben, die Welt zu verändern. In diese Kategorie gehört auf jeden Fall Apple. Der US-Kultkonzern hat unglaubliche Wachstumsjahre hinter sich – doch das Wachstum wird weitergehen. Nicht umsonst gehärt Apple in mein Depot mit den besten Aktien der Welt.

Die Wurzeln von Apple reichen zurück bis ins Jahr 1976 (das ist im Übrigen auch das Gründungsjahr dieses Verlagshauses). Damals gründeten einige Computer-Verrückte den heutigen Weltkonzern. In den folgenden Jahren ist der Aufstieg von Apple natürlich untrennbar mit dem Namen Steve Jobs verbunden gewesen. Tatsächlich war es Jobs, der bei Apple die wichtigen Plattformen wie iTunes einführte und dann auch die passenden Endgeräte wie die iPods dazu lieferte.

Der größte Coup gelang Jobs aber vor rund 10 Jahren mit der Einführung des iPhones. Das brachte sein Unternehmen auf eine völlig neue Entwicklungsstufe.

Im Zeitraum von 2007 bis 2016 stieg so der Umsatz von 24 Mrd. Dollar auf zuletzt knapp 216 Mrd. Dollar. Beim Gewinn fiel der Sprung von knapp 3,5 Mrd. Dollar auf 45,7 Mrd. Dollar sogar noch größer aus. Apple ist also nicht nur gewachsen – Apple hat auch die Ertragskraft tendenziell stetig gesteigert.

Das ist ungewöhnlich in einer so hart umkämpften Branche, wo die Konkurrenten oft nur halb so hohe Margen erzielen. Apple verkauft eben nicht nur hochwertige Produkte. Apple verkauft auch einen Lifestyle – und das zeichnet das Unternehmen aus.

Apple hat sich in den vergangenen Jahren deutlich verändert. Lange Jahre war Apple das massive Wachstumsunternehmen. Doch schon seit einigen Jahren ist Apple ein klassisches Substanzunternehmen.

Woran erkennt man diese Substanz bei Apple? Ohne Frage nimmt dabei die Dividende eine ganz wichtige Rolle ein.

Chance auf Sonderdividende

Nun gehört Apple nicht zu den Dividendenchampions – dennoch bietet Apple eben nicht nur die Chance auf weiter steigende Kurse, sondern auch die aktive Gewinnbeteiligung der Aktionäre. So etwas sorgt auch für die Zufriedenheit der Aktionäre. Allerdings dürfen Sie derzeit bei Apple noch keine Dividendenrenditen von 4 oder gar 5% erwarten.

Rein rechnerisch wäre das US-Unternehmen ohne Zweifel dazu in der Lage, höhere Dividendenrenditen zu ermöglichen. Immerhin beträgt der aktuelle Cashbestand bei Apple mehr als 220 Mrd. Dollar. Doch das Apple-Management sieht dieses Kapital eher als gut gefüllte Kriegskasse an, um in der Zukunft einige größere Übernahmen starten zu können.

Immer wieder lese ich auch von Apple-Experten, dass hier eine ordentliche Sonderdividende möglich ist. Rein theoretisch ist das sicherlich zahlbar, doch praktisch halte ich das doch für sehr unwahrscheinlich. Wenn das Management da in den vergangenen Jahren hätte aktiv werden wollen (und das wäre bei dem immer schon hohen Cashbestand möglich gewesen), hätte es sicherlich schon einmal ein positives Signal an die Aktionäre gegeben. Das ist aber nicht passiert.

Mein Standpunkt: Daher sollten Sie bei Apple auch in den kommenden Jahren eher auf die moderate Dividende und weitere Kurszuwächse setzen. Das ist ein deutlich wahrscheinlicheres Szenario – das Ihnen auch eine ordentliche Rendite bringt.

Schlusswort: Nehmen Sie Ihre Finanzen selbst in die Hand

Nach den vielen konkreten Tipps wissen Sie jetzt, wie die verschiedenen Bausteine für Ihren Vermögensschutz und Vermögensaufbau aussehen. Sie können direkt loslegen. Dazu ist eine Sache aber ganz wichtig:

Nehmen Sie Ihre Finanzen selbst in die Hand

In vielen Gesprächen mit Freunden, Bekannten und auch der Familie stelle ich eines immer wieder fest: Das Thema Geld spielt keine wirkliche Rolle. Die Deutschen suchen Sicherheit. Die Deutschen suchen Anlagen, um die Sie sich nicht kümmern müssen. Das ist ein verständlicher Gedanke. Doch in Zeiten von faktischen Null-Zinsen ist das schlicht und einfach zu wenig.

Nun können Sie einfach zur Bank gehen und dort die Beratung für Ihr Vermögen einholen. Aber wie sagt schon Warren Buffett: *„Wenn Sie einen Broker nach Aktien befragen, können Sie genauso gut Ihren Friseur fragen, ob Sie einen neuen Haarschnitt benötigen.“*

Ich möchte Sie aber ermutigen, Ihre Finanzen selbst in die Hand zu nehmen. Und eines kann ich Ihnen hier schon versprechen: Es ist viel einfacher als Sie denken. Neben Einzelaktien können Sie auf ETFs (Exchange Traded Funds) setzen. Als Ihr persönlicher Vermögens-Guide werde ich Ihnen nicht nur erklären, wie ein umfassender Schutz des Vermögens ausschaut. Ich werde Ihnen eben auch konkrete Empfehlungen für Ihr Vermögen geben.

Hohe Renditen bei hoher Sicherheit sind auch jetzt möglich

Die größte Herausforderung für Investoren ist schon seit Jahren das Erzielen von sicheren Renditen oberhalb der Inflation. Bei faktischen Null-Zinsen wird das immer schwieriger. Wenn Sie heute für Ihr Geld ein Tagesgeldkonto nutzen, sind im besten Fall noch 0,6% Zinsen pro Jahr drin. Das geht aber auch nur, wenn Sie ein Neukunde einer Bank sind, und das Angebot ist zudem noch zeitlich begrenzt.

Eines kann ich Ihnen hier schon sagen: So bauen Sie kein Vermögen auf. Das zeigt Ihnen das folgende Rechenbeispiel. Nehmen wir an, Sie haben 10.000 € und legen diese für 12 Monate auf ein Tagesgeldkonto. Was glauben Sie wohl, wie hoch der Zinsertrag bei den aktuellen Niedrigzinsen ist? Ich kann es Ihnen sagen: Bei dem besten Angebot erzielen Sie einen Kapitalzuwachs von 55,01 €.

Wie gesagt: Das bezieht sich auf das Tagesgeld. Sie können natürlich Ihr Geld auch von vornherein auf 12 Monate fest anlegen und kommen dann während der Laufzeit nicht an Ihr Geld heran. Dann sind höhere Renditen möglich. Wobei höher auf diesem Niveau auch nicht wirklich viel ausmacht. Immerhin gehen dann die Angebote der Banken, die derzeit aktiv sind, auf bis zu 0,85 % Zinsen nach oben und das über die gesamte Laufzeit. Damit können Sie in 12 Monaten mit Festgeld einen Ertrag von 85 € erzielen.

Sichere Aktien schlagen Festgeldanlagen deutlich

Wie gesagt: Die Ausgangsgröße hierbei sind immer 10.000 € Kapital. Eine andere Möglichkeit für Sie, die deutlich höhere Erträge bringt, ist das Ausweichen auf dividendenstarke Aktien. Auch hier bleiben wir wieder bei 10.000 €. Sie kaufen beispielsweise Aktien des deutschen Schmierstoff-Spezialisten Fuchs Petrolub. Das Unternehmen ist international in vielen Segmenten Marktführer und bietet Ihnen noch eine attraktive Dividende mit einer Jahresrendite von 2,5%. Hierbei wird die Dividendenausschüttung immer in Bezug zum Aktienkurs gesetzt.

Beim Kauf von Aktien im Wert von 10.000 € ergibt sich hier schon eine Dividendenzahlung von rund 250 €. Hinzu kommt noch die Kurschance bei einer Aktie. Die kann natürlich auch Verluste bringen – das ist nun einmal so bei Aktien. Doch wenn Sie langfristig bei Aktien dabei sind, können Ihnen die kurzfristigen Schwankungen egal sein – denn dann setzen Sie ja auf die langfristigen und stabilen Kurszuwächse.

Fuchs Petrolub ist aber ein extrem stabiles Unternehmen, wie Ihnen der folgende Chart noch einmal zeigt. Das ist die 5-Jahres-Entwicklung von Fuchs Petrolub .

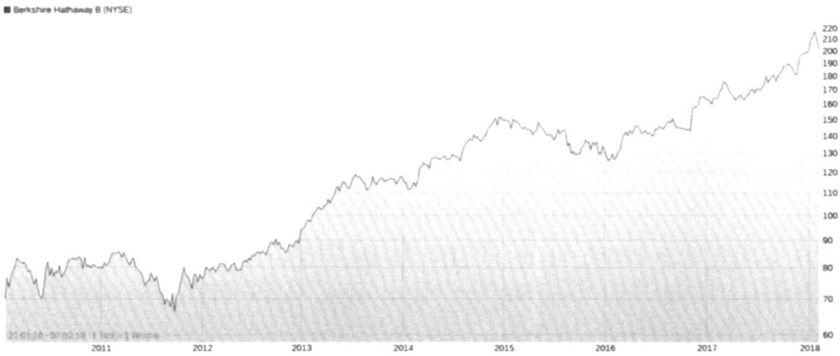

5-Jahres-Entwicklung von Fuchs Petrolub; Quelle: ariva.de

Dieser Chart sieht genauso aus, wie ich es mir immer vorstelle: Von links unten nach rechts oben und zusätzlich noch garniert mit stetigen Dividendenzahlungen.

An diesem kleinen Beispiel erkennen Sie schon, wie wichtig die persönliche Vermögensplanung und der persönliche Vermögensschutz sind. Ein Baustein dabei sind auf jeden Fall stabile Qualitätsaktien, die über Jahre und Jahrzehnte hinweg nachgewiesen haben, dass die Geschäftsmodelle am Markt funktionieren. In diese Kategorie fällt auf jeden Fall Fuchs Petrolub.

Wer einen fantasievollen Wachstumswert mit der Aussicht auf Umsatzverdopplung sucht, ist bei Fuchs Petrolub falsch. Doch darum geht es mir an dieser Stelle nicht. Hier sollen Sie auf stabile Langfrist-Investments setzen, die Ihnen eine hohe Chance auf stetig steigende Kurse und im besten Fall sogar noch attraktive Dividenden bieten.

Bei kurzfristigen Investments kann die Rendite auch schon einmal höher sein – aber das Risiko ist ohne Frage immer höher. Doch genau das passt nicht zu meinem Ansatz, Ihr Vermögen aktiv zu schützen. Mir geht es um stabile Unternehmen, die über lange Zeit nachgewiesen haben, dass sie stabile Erträge und auch ordentliche Dividenden erzielen können.

Als Ihr Vermögens-Guide möchte ich Sie davon überzeugen, dass Aktien eine wichtige Säule des privaten Vermögensschutzes sind. Und wenn Ihnen das Risiko von Einzelaktien zu groß ist, habe ich mit ETFs noch weitere interessante Empfehlungen für Sie parat. Sie wissen noch nicht, was ETFs sind? Kein Problem. Sie haben ja in diesem

Buch schon erfahren, wie Sie diese Investments erfolgreich einsetzen können.

Setzen Sie auf einen Indexfonds

Der beste Weg, mit wenig Kapital am Finanzmarkt zu starten, ist der Kauf eines Exchange Traded Fonds – kurz ETF. Diese Indexfonds bieten Ihnen die Möglichkeit, die notwendige Streuung des Vermögens bei einem geringen Einzahlungsbetrag umzusetzen. Zudem ist der Einstieg einfach über die Börse möglich und die Kosten liegen mit einer Gebühr von oft nur 0,5% pro Jahr deutlich unter den Kosten von klassischen Investmentfonds. Zudem erhalten Sie die Gewissheit, dass Sie jeden Monat das gleiche Investment tätigen.

Auch das ist positiv: Sie können der Investition sehr leicht folgen.

Für deutsche Investoren bietet es sich hier auf jeden Fall an, ein Produkt auf den DAX zu nehmen. Das ist der bekannteste deutsche Index, der die 30 größten börsennotierten deutschen Unternehmen enthält.

Das regelmäßige Einzahlen in den Indexfonds nehmen Sie am besten anhand eines Sparplans vor. Den können Sie bei den allermeisten Online-Banken schnell und kostengünstig abschließen.

Wenn Sie dann erst einmal eine Basis in einem breiten Index-Investment getätigt haben, können Sie natürlich auch ein größeres Risiko fahren. Dazu würde sich beispielsweise anbieten, die monatliche Summe in den Indexfonds zu verringern und den freiwerdenden Betrag in eine Einzelaktie zu investieren. Auch das ist mittels eines Sparplans für Sie einfach umsetzbar.

Wie gesagt: Für diesen Ansatz benötigen Sie nicht mehr als 100 € im Monat – oder rund 3,30 € am Tag. So können Sie einfach und schnell mit wenig Geld direkt an der Börse starten. Durch die breite Indexlösung streuen sie ihr Risiko und sind quasi über Nacht schon Aktionär.

Und Sie wissen ja: Welche Aktien besonders aussichtsreich sind und dabei auch noch Ihr Vermögen schützen, erkläre ich Ihnen regelmäßig in „Heiko Böhmers Vermögens-Schutz-Brief".